WOK & PFANNE

die 143 besten Rezepte,
die nicht nur deinen Wok glücklich machen

NET 13.5 FL. OZ.
CONTENANCE:

Pfannenkunde

Ob klassisch oder ganz modern, ob mit zwei Griffen oder einem Stiel, für alle Bedürfnisse gibt es den passenden Wok.

DAS ORIGINAL In asiatischen Küchen ist nur eine Wokform gebräuchlich: eine Halbkugel mit Stiel und schrägen Wänden, aus dünnem Metall gehämmert, perfekt geschaffen für eine offene Feuerstelle. Bei uns kann man ihn nur auf dem Gasherd benutzen – ein Metallring sorgt für den Stand. Ideales Zubehör ist ein Bambuskörbchen aus mehreren stapelbaren Elementen, das zum Dämpfen von Fisch, Fleisch oder Teigtäschchen verwendet wird.

MODERNE WOKS Die westlichen Küchen sind überwiegend mit Elektroherden ausgestattet. Deshalb haben die meisten Woks einen geraden Boden. Ein **GUSSEISEN-WOK** kann Wärme lange speichern, muss aber regelmäßig eingeölt werden, damit er nicht rostet. Ein **WOK AUS ALUGUSS** wird dank seiner guten Wärmeleitfähigkeit blitzschnell heiß – vom Boden bis zum Rand. Ein **SILARGAN-WOK** nimmt die Hitze optimal auf – ideal zum Anbraten von Fleisch. Und im **EDELSTAHL-WOK** garen alle Zutaten schnell und gleichmäßig.

WOK-PFANNEN Wer gerne asiatisch kocht, aber auch Schupfnudeln, Kalbsgeschnetzeltes oder arabische Bratkartoffeln zubereitet, ist mit einer Wok-Pfanne gut bedient. Die hohen und schrägen Wände verhindern, dass Gargut beim Braten über den Rand hüpft. Wok-Pfannen gibt es antihaftversiegelt aus leichtem Aluminium, Aluguss oder Edelstahl. Dadurch sind sie bestens für das Garen bei mittleren Temperaturen geeignet. Sie heizen sich rasch auf, es bleibt nichts hängen.

UNBESCHICHTETE PFANNEN In Pfannen aus Gusseisen oder aus schwarzem, nickelfreiem Stahl mit Glaskeramik gelingt alles, was bei starker Hitze knusprig und zart gebraten werden soll, besonders gut: Fleisch, Kartoffeln, Reis und Pfannengemüse. Denn das dunkle und extrastarke Material speichert die Hitze optimal und gibt sie gleichmäßig an Pfannenboden und -wände ab. Allerdings ist die Vorheizzeit des Materials länger. Edelstahlpfannen haben spezielle Thermik-Sandwichböden, die die Hitze gleichmäßig verteilen.

BESCHICHTETE PFANNEN Antihaftbeschichtete Pfannen sind ideal für das gesunde und kalorienarme Braten mit wenig oder ohne Fett. Mit ihnen kann man schonend bei mittleren Temperaturen Omeletts, Pfannkuchen, mariniertes Fleisch und Fisch braten. Versiegelte Pfannen gibt es in zwei Ausführungen: als Leichtmetallpfanne aus gegossenem **ALUMINIUM** oder als **GUSSPFANNE**. Besonders hart und unempfindlich gegenüber Kratzspuren von scharfen Gegenständen sind mit **TITAN** hartbeschichtete Pfannen, die bis 230° erhitzt werden können.

NÜTZLICHES ZUBEHÖR Ein Spritzschutz wird beim Braten auf die Pfanne gelegt, um das Spritzen von Fett zu verhindern. Als Metallgitter oder Universal-Deckel mit Dampföffnungen für alle Pfannengrößen erhältlich. **PFANNENDECKEL** gibt es aus Metall oder Glas. Der Deckel muss dicht mit der Pfanne abschließen, damit das Bratgut nach dem Anbraten zugedeckt dünsten, schmoren oder nachziehen kann, ohne dass Dampf entweicht und Flüssigkeit abtropft. Deckel mit verschließbaren Lüftungsschlitzen legt man schon beim Anbraten auf.

Das richtige Fett zum Braten

Fett ist nicht gleich Fett. Hier erfahren Sie, was mit welchem Fett am besten gelingt.

SCHWEINESCHMALZ

Geschmeidiges, weißes Speisefett, das aus dem Rückenspeck oder Bauchfett vom Schwein ausgeschmolzen wird. Schmalz ist bis etwa 160° erhitzbar und überall dort ein hervorragendes Bratfett, wo ein würziges Aroma erwünscht ist.

BUTTER/BUTTERSCHMALZ

Butter enthält 16 % Wasser, außerdem Milcheiweiß und Salz. Sie darf zum kurzen Braten in die Pfanne, bei Temperaturen von 110° verbrennt sie. Zum kräftigen Anbraten besser Butterschmalz verwenden. Es kann über 200° erhitzt werden.

PFLANZENFETTE

Streichfähige oder feste Fette, die aus pflanzlichen Ölen wie Erdnuss- oder Kokosfett, zum Teil mit einem Zusatz von tierischen Ölen, gewonnen und künstlich gehärtet werden. Sie sind hoch erhitzbar (über 200°), zum Braten und Frittieren geeignet.

PFLANZENÖLE

Ob ein Öl kaltgepresst oder raffiniert wurde, entscheidet über seine Verwendung im Küchenalltag. Kaltgepresste aromatische Pflanzenöle wie z. B. »Natives Olivenöl extra« eignen sich für Salate und zum sanften Braten. Raffinierte Öle liefern ein helles, geschmacksneutrales Öl. Man kann sie gut erhitzen. Nur: Rauchen sollten sie nicht. Gängige Öle aus den Samen und Früchten von Raps, Oliven, Sonnenblumen, Disteln oder Mischungen sind vielseitig einsetzbar. Erdnuss- und Sojaöl eignen sich besonders gut fürs asiatische Rührbraten.

Kochtechniken

Wok und Pfanne eröffnen viele Gar-Möglichkeiten. Vom kross gebratenen Steak über sanft gedämpften Fisch ist alles möglich.

PFANNENRÜHREN

Klein geschnittene Zutaten werden nacheinander und rasch bei starker Hitze unter ständigem Rühren angebraten. Schon Gegartes an den Rand schieben, das nächste Gemüse dazugeben. Man braucht wenig Öl. Wichtig: Alles fertig bereitstellen!

DÄMPFEN

Zarte Zutaten garen in einem Dämpfeinsatz oder Bambuskörbchen zugedeckt über wenig kochender, meist würziger Flüssigkeit im Wasserdampf. Beim Nassdämpfen liegt das Gargut auf einem Teller im sich sammelnden Saft.

FRITTIEREN

Fleisch, Fisch oder Gemüse werden in heißem Öl ausgebacken. Dank seiner weiten Form kann man das Frittiergut im Wok gut bewegen und wenden. Oft werden sie vorher in Eiweiß, Stärke oder Teig, z. B. Tempura- oder Bierteig, gewälzt.

DÜNSTEN UND BRATEN

Wasserhaltiges Gemüse, z. B. Pilze oder Zucchini, Fisch und zartes Fleisch **DÜNSTET** man in wenig Fett bei mittlerer Hitze an, dann gart man sie mit wenig Flüssigkeit zugedeckt bei milder Hitze. Geschnetzeltes und Filets werden bei starker Hitze in heißem Fett kurz **ANGEBRATEN**. Fisch, Gemüse, Bratkartoffeln und Eiergerichte bräunt und gart man bei mäßiger Hitze. Größere Mengen immer portionsweise braten, damit sich kein Saft bildet. Wichtig ist: Den Wok immer zuerst erhitzen, dann das Öl hineingeben und erneut erhitzen, das Öl verteilen und die Zutaten zugeben.

Planung ist alles – darauf kommt's beim Wokken an

Gut geplant ist halb gewokkt. Mit folgenden Tipps zaubern Sie im Handumdrehen Leckeres aus der Wunderpfanne.

DAS BRAUCHT MAN Das Wichtigste ist natürlich ein Wok. Für Elektroherde muss er einen flachen Boden haben und fest aufliegen, sonst nimmt er nicht genügend Hitze auf. Zum Wenden benötigen Sie eine Wokschaufel – für beschichtete Töpfe aus hitzefestem Kunststoff oder aus Bambus. Außerdem einen Schaumlöffel oder Siebschöpfer. Und natürlich scharfe Messer. Sehr praktisch ist eine breite Klinge, mit der sich die zerkleinerten Zutaten in eine Schüssel oder gleich in den Wok befördern lassen.

KOCHEN FÜR GÄSTE Der Wok ist der ideale Topf für den kleinen Haushalt, aber nicht für die Zubereitung größerer Portionen. So besteht ein Essen in Asien aus vielen kleinen Gerichten, die sich in Aussehen und Zusammenstellung, in Würze und Konsistenz unterscheiden sollen. Wenn Sie daher für mehr als zwei Personen kochen wollen, bereiten Sie einfach mehrere Gerichte vor, zubereitet sind sie dann schnell.

ALLES VORBEREITEN Sie können entweder die einzelnen Gänge nacheinander servieren oder, wie in Asien üblich, alle zugleich auf den Tisch stellen. Die Gerichte möglichst erst kurz bevor die Gäste eintreffen, zubereiten, die fertigen in Schüsseln füllen und im Backofen bei 75° warm halten. Dabei alles eher etwas kürzer garen, die Zutaten ziehen noch etwas nach. Auf jeden Fall eine große Schüssel Reis zubereiten, Reste können Sie gut für gebratene Reisgerichte verwenden.

PERFEKT GEPLANT Rechnen Sie für jeweils zwei Personen ein Gericht, dazu noch eines »für die gesamte Runde«, sodass genügend Auswahl für jeden da ist, denn jeder soll von allen Gerichten probieren können. Reichen Sie vor dem Essen rohes Gemüse mit Sojasauce oder einem anderen Dip, verschiedene Nüsse und andere Kleinigkeiten, so wird es Ihren Gästen nicht langweilig, während Sie die einzelnen Gänge zubereiten.

DAZU SERVIEREN Halten Sie reichlich Getränke bereit – heißen grünen Tee, Mineralwasser mit wenig Kohlensäure, kühles Bier (am besten ein herbes Pils), nicht zu trockenen, aromatischen Weißwein und warmen Reiswein – Vorsicht, er steigt sehr leicht in den Kopf. Sake aus Japan ist trocken und wird warm oder kalt zum Essen getrunken. Mirin ist süßer japanischer Reiswein.

SO GEHT'S LOS Weil das Garen im Wok so schnell geht, müssen alle Zutaten fertig vorbereitet, die Saucen angerührt und Flüssigkeiten abgemessen sein, ehe der Wok erhitzt wird. Wegen der kurzen Garzeiten müssen Sie Fleisch und Gemüse erst einmal klein schneiden. Dafür brauchen Sie ein wirklich scharfes Messer mit einer dünnen Klinge, die Fleisch und zartes Gemüse glatt durchteilt und nicht den Saft ausquetscht.

MARINIEREN Fleisch und Fisch werden mariniert, um sie würziger und zarter zu machen. Bei dunklem Fleisch genügt es, etwas Speisestärke fest einzukneten. Helles Fleisch und Fisch werden am besten mit Eiweiß und Speisestärke vermischt. Marinaden aus Essig oder Zitronensaft machen das Fleisch schön zart. In Indien legt man zum gleichen Zweck die Fleischstücke in eine Sauce aus Joghurt und Gewürzen. Sojasauce sorgt für salzige Würze.

GEMÜSE SCHNEIDEN Möhren, Staudensellerie, Lauch und Chinakohl werden meist in Streifen geschnitten, etwa so lang und so dick wie Streichhölzer. Die Sorten mit der längsten Garzeit sollten in feinere, die mit der kürzesten in etwas dickere Streifen zerteilt werden. Wird das Fleisch in Würfel geschnitten, wird auch das Gemüse gewürfelt. Möhren und Selleriestangen lassen sich besonders gut in Dreiecke schneiden. Möhrensterne erhalten Sie, wenn Sie die Möhren längs einkerben und dann in Scheiben schneiden.

PILZE EINWEICHEN Trockenpilze geben Aroma, und die Einweichbrühe eignet sich zum Aufgießen. Die Pilze abspülen und in heißem Wasser 30 Min. quellen lassen. Danach die Pilze fest ausdrücken und die harten Stiele entfernen. Die Brühe ohne den Bodensatz durch eine Filtertüte abgießen. Im Asienladen oder in der Asien-Ecke eines gut sortierten Supermarktes finden Sie getrocknete Mu-Err- und Tongu-Pilze, aber auch getrocknete Morcheln.

P(f)annenhilfe

Mit der richtigen Trickkiste in der Küchenschublade sind Sie auch für kleine Pfannen-Pannen gut gerüstet.

DAS ÖL RAUCHT

Rauchendes Öl ist gesundheitsschädigend: Zum Abkühlen in einen hitzefesten Behälter gießen, dann im Hausmüll entsorgen entsorgen. Den überhitzten Wok mit warmem Wasser abkühlen, abgießen und auswischen. Neu starten mit frischem Öl, das speziell zum Braten und Frittieren geeignet ist. In Asien wird Erdnussöl verwendet. Gesundheitlich empfehlenswerter ist das raffinierte, nicht kaltgepresste Rapsöl.

EISENWOK ROSTET

Den Wok nur mit heißem Wasser und einer Bürste säubern, wie man es auch in Asien macht. Danach gut abtrocknen und zum Schluss innen und außen hauchdünn mit Öl – aber nicht mit kaltgepresstem – einreiben. Den Wok trocknen lassen und luftig aufbewahren.

ROH ODER ZU WEICH

Entweder das Gemüse mit der längsten Garzeit zuerst in das heiße Öl geben und braten, bis es fast gar ist, dann die zarteren Sorten zugeben. Oder die festeren Gemüsesorten wie Brokkoli, Zuckerschoten oder Erbsen vor dem Braten in kochendem Salzwasser kurz blanchieren (das erhält auch die grüne Farbe), dann gut abtropfen lassen. Ist das Gemüse doch mal übergart und schlapp, dann etwas frisches Gemüse in kleine Würfel schneiden und untermengen.

FLEISCH HÄNGT AN

Damit das nicht passiert: Erst den Wok erhitzen, dann das hoch erhitzbare Öl zugießen und sehr heiß werden lassen – Sie erkennen das daran, dass es Wellen an der Oberfläche bildet. Jetzt den Wok schwenken, damit die Wände vom heißen Öl benetzt werden. Das Fleisch rasch über den ganzen Wokboden verteilen und sofort mit dem Rühren und Wenden beginnen, damit es keinen Saft ziehen kann. Nicht zu viel auf einmal braten. Ist trotzdem Fleisch am Boden festgeklebt? Den leeren Wok erhitzen, dabei mit 3 EL Salz und dem Spatel alle Unreinheiten lösen. Danach den Wok mit einem Tuch auswischen. Von da ab nur noch mit heißem Wasser reinigen – keinen Reiniger mehr verwenden. Neu starten mit etwas mehr Hitze.

DER WOK IST ZU VOLL

Damit die Hitze im Wok gut gehalten wird, sollte man besser nur kleinere Mengen darin zubereiten. Darum sind die Rezepte für Wok-Gerichte in der Regel für 2 Personen konzipiert. Wenn Sie dennoch für 4 Leute kochen wollen: Garen Sie die Zutaten in zwei Portionen und mischen sie vor dem Servieren im Wok, um sie noch einmal gut zu erwärmen.

ZU SCHARF

Wenn das Gericht zu scharf geworden ist, Würfelchen von Ananas, Mango oder Tomaten untermischen und mit Kokosmilch abmildern oder fettarmen glatt gerührten Joghurt verwenden. Dann dürfen Sie das Gericht aber nicht mehr aufkochen.

ZU FADE

Schmeckt das Gericht fade? Dann schmecken Sie es zusätzlich mit Sojasauce, geriebenem Ingwer, gepresstem Knoblauch, gehackten Kräutern und Sesamöl oder einem anderen Würzöl ab, z. B. mit Szechuanpfefferöl. Dafür 2 TL Szechuanpfeffer 2 Min. rösten, mit 1/8 l Erdnussöl 5 Min. pfannenrühren, durch ein Sieb abgießen.

ZU TROCKEN

Das Gericht ist fertig, aber es sieht trocken aus und von Sauce ist nichts zu sehen? Dann gießen Sie mit Kokosmilch, Sojasahne, Brühe oder Sojasauce auf, bis sich genug Sauce gebildet hat.

ZU VIEL SAUCE

Wenn Fleisch und Gemüse zu viel Wasser gezogen haben und in einer wässrigen Brühe statt in einer sämigen Sauce schwimmen, die festen Zutaten aus dem Wok heben. Die Sauce schnell bei starker Hitze einkochen lassen, die Zutaten untermischen und nochmals abschmecken.

ZU WENIG

Das Gericht reicht maximal für eine Person statt wie geplant für zwei? 100–200 g Sojabohnenkeimlinge unterrühren oder Würfelchen von 1 Kartoffel und 1 Möhre sowie 100 g Tiefkühlerbsen kurz mit kochendem Wasser überbrühen und untermischen. Neu abschmecken.

FLEISCH BLEIBT ZÄH

Keine mageren, sondern leicht fettdurchwachsene (marmorierte) Stücke nehmen. Das Fleisch mindestens 30 Min. vor dem Braten aus dem Kühlschrank nehmen. Vor dem Kleinschneiden mit Küchenpapier trocken tupfen. Vor dem Braten mit etwas Reismehl (Reformhaus, Bioladen) oder Speisestärke vermischen, das bildet eine Kruste und es bleibt innen saftig. Das Fleisch nie zu lange braten, es sollte innen fast rosig bleiben.

Asia-Zutaten

Klassischerweise brutzeln im Wok Chop suey oder Nasi goreng. Hier einige Basics, die in der Asiaküche nicht fehlen dürfen.

SOJASAUCE

Sie wird aus Sojabohnen, Weizen und Wasser durch Fermentation hergestellt. Chinesische ist hell, mittel oder dunkel, schmeckt salzig. Japanische ist mild-salzig, eher zum Nachwürzen geeignet. Indonesische ist eher süßlich.

SESAMWÜRZÖL

Es wird nicht zum Garen verwendet, sondern zum Schluss als aromatische Würze über fertige Gerichte geträufelt. Das intensiv braune Sesamöl wird aus gerösteten Sesamsamen hergestellt. Dunkel und kühl lagern.

REISESSIG

Er wird wie jeder andere Essig auch mit einer Essigmutter zubereitet. Grundstoff ist Reiswein. Chinesischer Essig ist dunkelbraun und schmeckt ziemlich kräftig, japanischer Reisessig ist milder und klar.

CURRYPASTEN

Im Asienladen findet man fertige Pasten in Rot, Grün und Gelb. Am besten schmeckt sie aber selbstgemacht. Für rote Paste etwa 4 große rote getrocknete Chilis in Stücke brechen, Kerne entfernen, die Schoten in etwas warmem Wasser einweichen. 2 Schalotten, 2 Knoblauchzehen und etwa 1 walnussgroßes Stück frischen Ingwer schälen, in Stücke schneiden. Ein etwa 3 cm langes Stück frisches Zitronengras fein hacken. Alles mit je 1 TL Pfeffer-, Korianderkörnern und Kreuzkümmel im Mörser zu einer glatten Paste zerdrücken. Mit ½ TL Garnelenpaste und Salz würzig abschmecken.

KORIANDER

Frischer Koriander schmeckt sehr intensiv, besser vorsichtig dosieren. Getrocknete Samen bekommen mehr Aroma, wenn man sie vor dem Mahlen in der Pfanne röstet.

INGWER

Würzig-scharfe Wurzel – gibt es frisch in Gemüseabteilungen, getrocknet als Pulver, süßsauer eingelegt als »Ingwer-Pickle« im Asienladen und süß als kandierten Ingwer.

KNOBLAUCH

In der asiatischen Küche wird er verschwenderisch und stets frisch verwendet. Aber bitte nicht durch die Knoblauchpresse drücken, sondern so fein wie möglich würfeln.

FRÜHLINGSZWIEBELN

Sie sind ein ausgesprochen chinesisches Gemüse. Man liebt sie zusammen mit frischem Ingwer und Knoblauch als Würzgemüse für nahezu alle Gerichte. Das Zwiebel-Grün sorgt für kräftige Farbtupfer.

CHILISCHOTEN

Die kleinen Scharfmacher gibt es in vielen Formen, Größen (je kleiner, desto schärfer) und Farben. Achtung: Die Schärfe sitzt in den Kernen! Wer's lieber etwas milder mag, sollte die Kerne gründlich entfernen.

ZITRONENGRAS

Schilfartiges Gras mit zitronenfrischem Geschmack. Man würzt damit Fleisch- und Fischgerichte sowie Suppen. Nur die unteren 10 cm verwenden, die lockeren Hüllblätter entfernen und das Innere fein schneiden.

Vegetarisch

Null Prozent Fleisch oder Fisch, dafür 100 Prozent Geschmack versprechen Spinat mit Kichererbsen, Zitrus-Paprika-Curry oder Spargel-Fondue. Nichts wie ran an Wok oder Pfanne!

leicht

Gemüsesuppe mit Reis

Für 2 Personen | 30 Min. Zubereitungszeit
Pro Portion ca. 295 kcal

1 Frühlingszwiebel | 1 große Möhre | 200 g Thai-Spargel (ersatzweise grüner Spargel) | 125 g Zuckerschoten | 1 EL Öl | Meersalz | frisch gemahlener schwarzer Pfeffer | 450 ml Gemüsebrühe | 300 g gekochter Vollkornreis (vom Vortag)

1 Die Frühlingszwiebel waschen und putzen, die hellen Teile in Streifen, das Grün in Ringe schneiden. Das Grün beiseitestellen. Die Möhre waschen, schälen und in feine Streifen schneiden. Den Spargel waschen, schälen und in etwa 4 cm lange Stücke schneiden. Die Zuckerschoten waschen und putzen, eventuell entfädeln.

2 Das Öl im Wok erhitzen. Das Gemüse zugeben und unter Rühren 6–8 Min. braten. Das Gemüse mit Salz und Pfeffer würzen. Die Brühe zugießen, den Reis unterrühren und aufkochen lassen. Mit dem Zwiebel-Grün bestreut servieren.

orientalisch inspiriert

Kichererbsensuppe mit Petersilien-Joghurt

Für 4–6 Personen | 40 Min. Zubereitungszeit
Bei 6 Personen pro Portion ca. 400 kcal

je 200 g Sahnejoghurt und saure Sahne | 1 Bund Petersilie | 150 g Möhren | 150 g Knollensellerie | 1 Zucchino | 100 g Zwiebeln | 2 Knoblauchzehen | 1 walnussgroßes Stück frischer Ingwer | 200 g grüne Bohnen | 3 EL Öl | 1 Dose Kichererbsen (850 g Inhalt) | 1 EL Currypulver oder ½ EL Currypaste | 1 ¼ l Gemüsebrühe | Salz | frisch gemahlener schwarzer Pfeffer | 200 g Tomaten | Sambal oelek | 4 EL Zitronensaft

1 Joghurt und saure Sahne verrühren. Petersilie waschen, trocken schütteln, fein hacken und unterrühren. Möhren und Sellerie schälen und in feine Stifte schneiden. Zucchino waschen, abtrocknen, halbieren und in Scheiben schneiden. Zwiebeln schälen und in Ringe schneiden, Knoblauch und Ingwer schälen und fein würfeln. Die Bohnen waschen, putzen und halbieren.

2 Den Wok erhitzen, Öl dazugeben. Bohnen, Möhren, Sellerie, Zwiebeln, Knoblauch und Ingwer darin unter Rühren ca. 3 Min. braten. Kichererbsen in einem Sieb abtropfen lassen und mit Zucchino unter das Gemüse mischen. Curry unterrühren und anschwitzen. Die Brühe angießen, aufkochen lassen, salzen und pfeffern. Suppe zugedeckt bei schwacher Hitze 5–10 Min. köcheln lassen.

3 Die Tomaten waschen und vierteln. In die Suppe geben und noch 1–2 Min. garen. Suppe mit etwas Sambal oelek und Zitronensaft abschmecken. Mit Petersilien-Joghurt servieren.

TAUSCH-TIPP

Der besondere Kick für Gäste: Möhren und Zwiebeln durch Zuckerschoten und Champignons, ein Drittel der Brühe durch Kokosmilch ersetzen.

scharf

Mexiko-Gemüse

(im Bild hinten)

Für 4 Personen | 30 Min. Zubereitungszeit
Pro Portion ca. 730 kcal

1 Zwiebel | 2 Knoblauchzehen
1 Bund Frühlingszwiebeln
4 Stangen Staudensellerie
1 Dose Kidneybohnen (250 g Abtropfgewicht)
1 Dose Mais (285 g Abtropfgewicht)
4 Weizentortillas (Fertigprodukt) | 2 EL Olivenöl
400 g passierte Tomaten (aus dem Tetrapack)
2 TL Chilipulver | Salz | Cayennepfeffer

1 Zwiebel und Knoblauch schälen und fein würfeln. Frühlingszwiebeln und Sellerie waschen und putzen. Zwiebel in dünne Ringe, Sellerie in Scheiben schneiden. Bohnen und Mais in ein Sieb abgießen, abbrausen und abtropfen lassen.

2 Olivenöl in der Pfanne erhitzen. Zwiebel und Knoblauch glasig dünsten. Sellerie und zwei Drittel der Frühlingszwiebeln einrühren und 3 Min. mitdünsten. Bohnen, Mais, Tomatenpüree und ⅛ l Wasser zufügen und untermischen. Mit Chilipulver, Salz und Cayennepfeffer kräftig abschmecken. Alles zugedeckt bei schwacher Hitze 10 Min. köcheln lassen.

3 Inzwischen Tortillas achteln. In einer großen heißen Pfanne portionsweise 1 Min. von beiden Seiten braten, beiseitestellen.

4 Die Gemüsepfanne mit den übrigen Frühlingszwiebeln bestreuen und mit den Tortillastücken belegen.

mediterran

Blitz-Ratatouille

(im Bild vorne)

Für 4 Personen | 40 Min. Zubereitungszeit
Pro Portion ca. 175 kcal

1 Gemüsezwiebel
2 Knoblauchzehen
je 1 rote und gelbe Paprikaschote
1 Aubergine
2 kleine feste Zucchini
4 EL Olivenöl
1 Dose geschälte Tomaten (800 g Inhalt)
⅛ l kräftige Gemüsebrühe
Salz | Pfeffer
2 TL Kräuter der Provence
1 Bund glatte Petersilie

1 Zwiebel schälen, halbieren und in dünne Scheiben schneiden. Knoblauch schälen. Gemüse waschen und putzen. Paprika 2 cm groß würfeln, Aubergine und Zucchini längs vierteln und in Scheiben schneiden.

2 Öl in einer großen Pfanne erhitzen. Zwiebel darin glasig dünsten. Knoblauch dazudrücken. Erst Aubergine hinzufügen und 5 Min. braten, dann Paprika und Zucchini dazugeben und weitere 5 Min. bei mittlerer Hitze unter Wenden dünsten.

3 Tomaten samt Saft und Brühe einrühren. Gemüse mit Salz, Pfeffer und Kräutern würzen. Zugedeckt 10 Min. dünsten.

4 Petersilie waschen, trocken schütteln und hacken. Vor dem Servieren auf das Gemüse streuen.

schnell/auch als Vorspeise

Grüner Spargel

Für 4 Personen
30 Min. Zubereitungszeit
Pro Portion ca. 160 kcal

600 g grüner Spargel
100 g Rote Johannisbeeren
¼ Kopf Friséesalat
1 Bund Schnittlauch
1 kleine rote Zwiebel
1 getrocknete Tomate
200 g Mozzarella
3 TL Olivenöl
Salz | Pfeffer

1 Spargel waschen, schälen und in 3 cm große schräge Stücke schneiden. Johannisbeeren waschen, die Beeren abstreifen. Salat putzen, waschen, in kleine Stücke zupfen und auf 4 Teller verteilen. Den Schnittlauch waschen, trocken schütteln und in Röllchen schneiden. Zwiebel schälen und klein schneiden, die Tomate ebenfalls klein schneiden. Mozzarella abtropfen lassen, in Scheiben schneiden und ebenfalls auf den Tellern verteilen.

2 Zuerst den Wok, dann das Öl erhitzen und den Spargel darin bei mittlerer Hitze 4 Min. unter Rühren dünsten. Zwiebel 1 Min. glasig braten. Tomate untermischen, salzen und pfeffern. Nach 1 Min. die Beeren untermischen und alles 1–2 Min. unter Rühren dünsten. Mit dem Salat und dem Mozzarella anrichten. Mit Schnittlauchröllchen bestreut servieren.

Spezialität aus Indien

Spinat mit Kichererbsen (im Bild)

Für 2 Personen
30 Min. Zubereitungszeit
Pro Portion ca. 340 kcal

2 Tomaten
1 Zwiebel
1 Stück frischer Ingwer (etwa walnussgroß)
2 Knoblauchzehen
je ½ TL getrocknete rote Chilischoten, Kreuzkümmel und Koriandersamen
½ Dose Kichererbsen (240 g Abtropfgewicht)
2 EL Butterschmalz
300 g TK-Blattspinat
Salz
75 g Sahnejoghurt

1 Stielansätze der Tomaten entfernen. Tomaten kreuzweise einschneiden, kurz überbrühen, häuten, vierteln und entkernen. Die Zwiebel schälen und in dünne Scheiben schneiden. Den Ingwer schälen und raspeln. Den Knoblauch schälen und zerdrücken. Chilis, Kreuzkümmel und Koriander im Mörser nicht zu fein zerstoßen. Die Kichererbsen abtropfen lassen.

2 Erst den Wok, dann das Butterschmalz darin erhitzen. Zwiebelscheiben, Knoblauch und die Hälfte des Ingwers bei mittlerer Hitze unter Rühren in 3–4 Min. braun anbraten.

3 Die Gewürze zugeben und 1 Min. mitbraten. Spinat, Kichererbsen, Tomaten und Salz zugeben und zugedeckt 15 Min. garen. Joghurt unterrühren, die restlichen Ingwerstreifen darüberstreuen.

UND DAZU? – INDISCHES FLADENBROT

Dazu schmeckt ein sogenanntes Chapati, das aus einer Mischung aus Weizenmehl und -schrot, Salz und Ghee hergestellt und in der Pfanne zu kleinen Fladen gebacken wird.

TIPP

Die gleiche Rezeptmenge ist für 4 Personen eine leckere Vorspeise. Chapati oder ersatzweise türkisches Fladenbrot dazu servieren.

gut vorzubereiten

Gemüse-bällchen auf Mango (im Bild hinten)

Für 2 Personen | 55 Min. Zubereitungszeit
Pro Portion ca. 290 kcal

300 g Gemüse (Kohlrabi, Möhren, Kartoffeln, Zucchini)
1 Mango | 2 Frühlingszwiebeln
1 EL Zitronensaft | 1 TL flüssiger Honig
50 g geröstete gesalzene Erdnusskerne
2 Knoblauchzehen
1 Stück frischer Ingwer (etwa 2 cm)
1 Eiweiß (Größe M) | 2 TL Speisestärke
Salz | frisch gemahlener Pfeffer | 3 EL Öl

1 Gemüse schälen oder putzen und fein würfeln. Im Wok im Dämpfeinsatz über heißem Wasserdampf zugedeckt in 15–20 Min. weich dämpfen. Danach abkühlen lassen.

2 Die Mango schälen und das Fruchtfleisch in Scheiben vom Stein abschneiden. Die Frühlingszwiebeln waschen, putzen und fein hacken. Mango mit Zwiebeln, Zitronensaft und Honig mischen.

3 Die Erdnüsse fein mahlen. Den Knoblauch und Ingwer schälen und durch die Knoblauchpresse drücken. Gemüse fein zerdrücken und mit Erdnüssen, Knoblauch, Ingwer, Eiweiß und Stärke mischen. Salzen, pfeffern und zu walnussgroßen Bällchen formen.

4 Öl im Wok erhitzen. Gemüsebällchen darin 5–6 Min. braten, bis sie rundum schön braun sind. Heiß auf den Mangoscheiben anrichten und mit Fladenbrot servieren. Als Vorspeise reicht die Menge für 4 Personen.

Spezialität aus Indien

Ausgebackenes buntes Gemüse (im Bild vorne)

Für 4 Personen | 50 Min. Zubereitungszeit
Pro Portion ca. 350 kcal

250 g Kichererbsenmehl
½ l Erdnussöl
Salz
Cayennepfeffer
1,2 kg Gemüse (Kartoffeln, Brokkoli, Kürbis, Möhren, Blumenkohl)
je ½ Bund Koriandergrün und Minze
1 Stück frischer Ingwer (etwa 1 cm)
1 Stück Limettenschale
300 g Joghurt

1 Das Kichererbsenmehl mit 1 TL Öl, Salz und einer kräftigen Prise Cayennepfeffer vermischen. Mit 300 ml lauwarmem Wasser zu einem Teig rühren und 15 Min. quellen lassen.

2 Das Gemüse waschen und putzen. Kartoffeln in ½ cm dicke Scheiben schneiden, restliches Gemüse in kleine Röschen teilen beziehungsweise würfeln.

3 Kräuter waschen, trocken schütteln und fein hacken. Ingwer schälen, mit der Limettenschale fein hacken. Beides mit Joghurt verrühren, mit Salz und Cayennepfeffer abschmecken.

4 Übriges Öl im Wok erhitzen. Gemüse portionsweise durch den Teig ziehen und 4–5 Min. frittieren. Kurz auf Küchenpapier abtropfen lassen und mit der Joghurt-Sauce servieren.

gut vorzubereiten

Reisbällchen mit Gurken-Dip

Für 2 Personen | 50 Min. Zubereitungszeit
Pro Portion ca. 480 kcal

150 g Langkornreis | Salz
3 Frühlingszwiebeln
1 Knoblauchzehe
1 Stück frischer Ingwer (etwa 1 cm)
1 kleine Salatgurke
1 Ei (Größe M)
3 EL Mehl
frisch gemahlener Pfeffer
¼ l Öl zum Frittieren
50 g süßsaure Chilisauce (Fertigprodukt)
2 TL Reisessig
1 TL Sojasauce

1 Reis mit 300 ml Wasser und Salz aufkochen, dann zugedeckt bei schwacher Hitze in 20 Min. ausquellen lassen. Abkühlen lassen.

2 Die Frühlingszwiebeln waschen und putzen, Knoblauch und Ingwer schälen und mit Frühlingszwiebeln fein hacken. Gurke schälen, halbieren, entkernen und sehr fein würfeln.

3 Reis mit Ei und Mehl vermischen und mit Salz und Pfeffer abschmecken. Zu walnussgroßen Bällchen formen. 1 EL Öl im Wok erhitzen. Die Frühlingszwiebeln mit Knoblauch und Ingwer darin etwa 2 Min. braten. Herausnehmen und mit Gurke, Chilisauce, Reisessig und Sojasauce zu einem Dip verrühren, abschmecken.

4 Übriges Öl erhitzen. Reisbällchen darin portionsweise in 4–5 Min. frittieren. Herausheben, abtropfen lassen und mit dem Dip servieren. Dazu passt Fladenbrot. Als Vorspeise reicht die Menge für 4 Personen.

schnell

Frittierter Tofu mit Rettich

Für 2 Personen | 20 Min. Zubereitungszeit
Pro Portion ca. 260 kcal

250 g fester Tofu
100 g weißer Rettich (Daikon)
Öl zum Frittieren
3 EL Speisestärke
2 EL eingelegter Ingwer
japanische Sojasauce

1 Den Tofu in etwa 2 cm dicke Scheiben schneiden und trocken tupfen. Den Rettich waschen, schälen und fein raspeln.

2 Das Öl etwa 3 cm hoch in den Wok geben und erhitzen. Den Tofu in der Stärke wenden und im heißen Öl etwa 1 Min. pro Seite frittieren. Herausheben, auf Küchenpapier abtropfen lassen und anrichten. Rettichraspel und Ingwer daneben anrichten und alles mit der Sojasauce servieren.

SERVIER-TIPP

Der frittierte Tofu eignet sich auch wunderbar als Einstieg in ein asiatisches Menü. Die angegebene Menge reicht dann für 4 Personen.

DEKO-TIPP

Farbtupfer gefällig? Dann eine etwas dickere Möhre schälen und in dünne Scheiben schneiden. Mit kleinen Plätzchenausstechern z. B. Sterne oder Blumen aus den Gemüsescheiben ausstanzen und dekorativ neben dem Tofu anrichten.

gut vorzubereiten

Hefeteig-Gemüse-Taschen

Für 2 Personen
1 Std. 30 Min. Zubereitungszeit
Pro Portion ca. 500 kcal

¼ Würfel Hefe (etwa 10 g)
Salz
200 g Mehl
150 g Austernpilze
1 kleine rote Paprikaschote
50 g Mungobohnensprossen
2 Knoblauchzehen
1 Stück frischer Ingwer (etwa 1 cm)
2 EL neutrales Öl
1 EL Sesamsamen
1 EL Sojasauce
1 EL Sesamwürzöl

1 Hefe mit 100 ml lauwarmem Wasser verrühren und mit einer kräftigen Prise Salz und dem Mehl verkneten. An einem warmen Ort zugedeckt etwa 30 Min. gehen lassen.

2 Pilze und Paprika putzen, in feine Streifen schneiden. Die Sprossen waschen. Knoblauch und Ingwer schälen und fein hacken. Neutrales Öl im Wok erhitzen, Pilze darin bei starker Hitze 2 Min. braten. Sprossen und Sesam kurz mitbraten. Paprika, Knoblauch und den Ingwer untermischen. Mit Sojasauce, Sesamöl und Salz würzen.

3 Teig in 16 Stücke teilen und zu Kreisen ausrollen. Füllung in die Mitte geben. Ränder nach oben ziehen und wie ein Säckchen zusammendrücken. Die Teigtaschen in den Bambusdämpfer setzen und im Wok über kochendem Wasser bei starker Hitze zugedeckt 6–8 Min. dämpfen.

UND DAZU?

Dazu passt eine würzige Sauce: 3 EL Sojasauce mit 1 TL Reisessig und 1 EL Sesamwürzöl verrühren. Als Vorspeise reicht die Menge für 4 Personen.

TAUSCH-TIPPS

Die Austernpilze durch Shiitake-Pilze und die Paprikaschote durch 150 g Zucchini ersetzen. Statt Sesam 1 EL klein gehackte gesalzene Erdnüsse zum Gemüse geben.

aus Griechenland / schnell

Gefüllter Käse

Für 4 Personen
30 Min. Zubereitungszeit
Pro Portion ca. 555 kcal

4 Scheiben Halloumi-Käse (2–3 cm dick, je 125 g)
2 kleine hellgrüne Paprikaschoten (Dolma)
1 große Tomate
Pfeffer
Mehl zum Wenden
Sonnenblumenöl zum Ausbacken
2 Zitronen

1 Die Käsescheiben abspülen und mit Küchenpapier abtrocknen. In die Scheiben seitlich eine Tasche für die Füllung einschneiden.

2 Paprikaschoten waschen, halbieren, putzen und in Streifen schneiden. Stielansatz der Tomate entfernen. Tomate kreuzweise einschneiden, kurz mit kochendem Wasser überbrühen, häuten, entkernen und würfeln. Käse mit Paprika und Tomatenwürfeln füllen, pfeffern. Die Öffnung fest zudrücken. Käse in Mehl wenden.

3 Das Öl etwa 2 cm hoch in eine Pfanne füllen und erhitzen. Die gefüllten Käsescheiben bei mittlerer Hitze auf jeder Seite 5–7 Min. braten, bis sie hellbraun sind. Aus der Pfanne heben, abtropfen lassen und heiß mit Zitronenschnitzen servieren.

gelingt leicht/schnell

Panierter Mozzarella auf Rucola (im Bild)

Für 4 Personen
25 Min. Zubereitungszeit
Pro Portion ca. 420 kcal

100 g Rucola
2 feste Tomaten
½ milde weiße Zwiebel
2 EL Aceto balsamico
½ TL Honig
Salz
frisch gemahlener Pfeffer
8 EL Olivenöl
2 Kugeln Mozzarella (à 125 g)
2 EL Mehl
1 Ei
50 g Semmelbrösel

1 Den Rucola waschen und gut trocken schleudern. Die Tomaten waschen und klein würfeln, dabei die Stielansätze entfernen. Zwiebel schälen und in Streifen schneiden.

2 Den Balsamessig mit dem Honig, Salz, Pfeffer und 4 EL Öl verquirlen.

3 Mozzarella in etwa 1 cm dicke Scheiben schneiden. Mehl, Ei und Semmelbrösel jeweils auf einen Teller geben, das Ei verquirlen. Die Mozzarellascheiben erst im Mehl, dann im Ei und zum Schluss in den Bröseln wenden, diese andrücken.

4 Das restliche Öl in einer Pfanne erhitzen. Mozzarella darin pro Seite bei mittlerer Hitze etwa 2 Min. braten. Rucola, Tomaten und Zwiebel mit dem Dressing mischen und auf 4 Teller verteilen. Mozzarella darauf anrichten.

UND DAZU?

Zum Salat passen Oliven-Ciabatta und Weißwein.

TAUSCH-TIPP

Statt Mozzarella lässt sich auch 200 g Fetakäse in etwa 2 cm dicke Scheiben schneiden, panieren, in der Pfanne von jeder Seite 2 Min. braten und auf dem Salat anrichten.

für Gäste/aus Italien

Artischocken mit Pilzen

(im Bild hinten)

Für 2 Personen | 30 Min. Zubereitungszeit
Pro Portion ca. 310 kcal

8 kleine zarte Artischocken
250 g Egerlinge
2 EL Zitronensaft
2 Zweige Rosmarin
½ Bund Basilikum
2 Knoblauchzehen
4 EL Olivenöl
4 EL Weißwein (ersatzweise Gemüsebrühe)
Salz
frisch gemahlener Pfeffer

1 Von den Artischocken die äußeren Blätter großzügig entfernen. Die Stiele und die Blattspitzen abschneiden. Die Artischocken der Länge nach achteln. Pilze putzen, in feine Scheiben schneiden. Artischocken und Pilze mit je 1 EL Zitronensaft mischen.

2 Rosmarin und Basilikum waschen, trocken schütteln und beides fein hacken. Knoblauch schälen und in hauchdünne Scheiben schneiden.

3 Das Öl im Wok erhitzen. Artischocken darin 2 Min. bei starker Hitze braten. Pilze mit den Kräutern dazugeben und weitere 3 Min. braten. Knoblauch untermischen, kurz braten. Den Wein angießen, das Gemüse salzen und pfeffern.

UND DAZU?
Dazu passen Nudeln, Kartoffeln oder Weißbrot und ein trockener Weißwein.

für Gäste/schnell

Spargel-Gemüse

(im Bild vorne)

Für 2 Personen | 30 Min. Zubereitungszeit
Pro Portion ca. 140 kcal

500 g grüner Spargel
1 Handvoll Spinat
150 g Cocktailtomaten
2 Knoblauchzehen
1 Stück Bio-Zitronenschale
1 kleines Bund Petersilie
2 EL Olivenöl | Salz | frisch gemahlener Pfeffer

1 Den Spargel waschen und im unteren Drittel schälen, die Enden abschneiden. Die Spargelspitzen abschneiden, die Stangen leicht schräg in knapp 1 cm dicke Scheiben schneiden. Spinat verlesen, waschen, abtropfen lassen. Die Tomaten waschen und halbieren.

2 Knoblauch schälen und mit der Zitronenschale fein schneiden. Petersilie waschen, trocken schütteln und die Blättchen fein hacken.

3 Das Öl im Wok erhitzen. Spargelscheiben darin bei starker Hitze 2–3 Min. braten. Spargelspitzen zugeben und weitere 2 Min. braten. Knoblauch, Zitronenschale und Petersilie kurz mitbraten.

4 Spinat untermischen und 1–2 Min. weiterbraten, bis die Blätter zusammengefallen sind. Tomaten untermischen, alles mit Salz und Pfeffer abschmecken und servieren.

UND DAZU?
Dazu passen Kartoffeln oder schmale Bandnudeln und Weißwein oder ein leichter Rosé.

gelingt leicht

Chinakohlpäckchen

Für 2 Personen | 1 Std. Zubereitungszeit
Pro Portion ca. 215 kcal

8 Chinakohlblätter | 2 Möhren | 1 rote Zwiebel | 2 Knoblauchzehen | 1 Stück frischer Ingwer (etwa 1 cm) | 150 g Tofu | 2 EL Sesamsamen | 2 EL Sojasauce | 1 Ei (Größe M) | Salz | frisch gemahlener Pfeffer | 200 ml Gemüsebrühe | 1 TL Zitronensaft

1 Chinakohl waschen, dicke Blattrippen flach schneiden. Möhren, Zwiebel, Knoblauch und Ingwer schälen. Möhren fein raspeln, Zwiebel, Knoblauch und Ingwer fein hacken.

2 Tofu zerkrümeln und mit Möhren, Zwiebel, Knoblauch, Ingwer, Sesam, der Sojasauce und dem Ei mischen. Mit Salz und Pfeffer würzen.

3 Die Füllung in die Mitte der Kohlblätter verteilen, die Blätter zu Päckchen rollen, mit der Nahtstelle nach unten in einen Dämpfeinsatz legen.

4 Die Brühe im Wok erhitzen. Chinakohlpäckchen zugedeckt über dem Dampf etwa 15 Min. garen. Den Sud im Wok mit Salz, Pfeffer und Zitronensaft abschmecken und mit den Päckchen servieren. Dazu passt am besten Reis.

TAUSCH-TIPP

Wahre Fleischfans mischen statt des Tofus 150 g gemischtes Hackfleisch unter die Chinakohlpäckchen-Füllung.

schnell

Scharfer Honig-Kohl

Für 4 Personen | 30 Min. Zubereitungszeit
Pro Portion ca. 135 kcal

750 g Spitzkohl oder zarter Weißkohl
3 Frühlingszwiebeln
2–3 rote Chilischoten
1 Stück frischer Ingwer (etwa walnussgroß)
6 EL Gemüsebrühe
3 EL Sojasauce
1 EL Weißweinessig
1 EL flüssiger Honig
1 TL Speisestärke
3 EL Öl
Salz
frisch gemahlener Pfeffer

1 Den Kohl in Stücke schneiden, waschen, putzen und in 2 cm breite Streifen schneiden. Frühlingszwiebeln waschen, putzen und längs halbieren, schräg in etwa 4 cm lange Stücke schneiden. Chilis putzen und entkernen, Ingwer schälen und beides fein würfeln. Brühe, Sojasauce, Essig, Honig und Stärke verrühren.

2 Öl im heißen Wok stark erhitzen. Ingwer, Chilis und Zwiebeln kurz anbraten. Den Kohl unter Rühren 5 Min. mitbraten.

3 Die Würzsauce angießen und aufkochen lassen. Alles bei starker Hitze noch 1–2 Min. durchmischen. Den Honig-Kohl mit Salz und Pfeffer abschmecken. Dazu passt Reis.

preiswert

Gelber Wirsing-Reis

Für 4 Personen | 45 Min. Zubereitungszeit
Pro Portion ca. 565 kcal

100 g Walnusskerne
½ kleiner Wirsing (etwa 400 g)
1 Zwiebel
1 Stück frischer Ingwer (etwa walnussgroß)
3 EL Öl
250 g Langkornreis
1 EL scharfes Currypulver
1 TL Kurkuma
75 g Rosinen
700 ml Gemüsebrühe
2 EL Limettensaft
Salz
frisch gemahlener Pfeffer

1 Walnüsse grob hacken. Wirsing waschen, putzen und in feine Streifen schneiden. Zwiebel und Ingwer schälen und fein würfeln.

2 Öl im heißen Wok erhitzen. Zwiebel, Ingwer und Walnüsse kurz anbraten. Wirsing hinzufügen und 2 Min. pfannenrühren, dann den Reis 2 Min. anrösten. Mit Curry und Kurkuma bestäuben und 1 Min. unter Rühren anschwitzen. Rosinen untermischen, mit der Brühe aufgießen. Aufkochen und zugedeckt bei mittlerer Hitze 20 Min. köcheln lassen.

3 Reis mit Limettensaft, Salz und Pfeffer abschmecken. Dazu schmeckt gut gekühlter Naturjoghurt.

TAUSCH-TIPP

Statt der Walnüsse gehackte Mandeln oder Cashewkerne zum Quellreis geben.

asiatisch / gelingt leicht

Sesamkartoffeln mit Koriander-Quark

Für 4 Personen | 35 Min. Zubereitungszeit
Pro Portion ca. 335 kcal

4 Blätter Romana-Salat | 750 g kleine festkochende Kartoffeln | 4 TL Sesamwürzöl | 4 EL Sesamsamen | Salz | 1 Knoblauchzehe | 500 g Quark | 1 kleine Zwiebel | 1 Bund Koriandergrün | 2 EL Apfelessig | 3 EL Mirin (japanischer süßer Reiswein, ersatzweise Sherry oder Apfelsaft) | frisch gemahlener Pfeffer

1 Salat waschen, trocken schütteln, in einen Bambus-Dämpfkorb (26 cm ∅) legen. Kartoffeln waschen, bürsten, längs halbieren und mit der Schnittfläche nach oben auf den Salat legen. Mit Öl beträufeln, mit Sesam und Salz bestreuen, abdecken.

2 Korb in einen großen Wok setzen. Bis knapp unter den Boden des Korbs Wasser einfüllen. Beides verschließen und die Kartoffeln bei starker Hitze 15–20 Min. dämpfen.

3 Knoblauch schälen und zum Quark pressen. Zwiebel schälen und klein würfeln. Koriander waschen, trocken schütteln und fein hacken. Alles mit Essig, Mirin, Salz und Pfeffer verrühren. Zu den Kartoffeln servieren. Dazu passt Blattsalat.

schnell/preiswert

Süßsaure Kartoffeln

Für 2 Personen
35 Min. Zubereitungszeit
Pro Portion ca. 365 kcal

500 g festkochende Kartoffeln
1 Bund Frühlingszwiebeln
½ rote Paprikaschote
2 Knoblauchzehen
2 getrocknete Chilischoten
4 EL Öl
1 EL Zucker
4 EL Aceto balsamico
1 EL Sojasauce
1 Bund Schnittlauch
Salz
frisch gemahlener Pfeffer

1 Die Kartoffeln schälen und erst in dünne Scheiben, dann in feine Stifte schneiden. Die Frühlingszwiebeln waschen, putzen, in 5 cm lange Stücke schneiden und der Länge nach in Streifen teilen. Paprika putzen, waschen und ebenfalls in Streifen schneiden.

2 Knoblauch schälen und in dünne Scheiben schneiden. Die Chilischoten im Mörser fein zerreiben.

3 Das Öl im heißen Wok erhitzen. Kartoffeln, Chilis, Frühlingszwiebeln und Paprika darin bei starker Hitze etwa 7 Min. braten, bis die Kartoffeln bissfest und knusprig sind.

4 Zucker mit Essig und Sojasauce verrühren. Mit dem Knoblauch zu den Kartoffeln geben und bei schwacher Hitze noch 1 Min. ziehen lassen.

5 Schnittlauch waschen, trocken schütteln und in lange Röllchen schneiden. Die Kartoffeln salzen, pfeffern und mit dem Schnittlauch bestreuen.

SERVIER-TIPP

Reichen Sie dazu einen Tomatensalat. Als Getränk passt ein kühles Bier wunderbar zu den süßsauren Kartoffeln.

exotisch / für Gäste

Zitrus-Paprika-Curry

Für 4 Personen
20 Min. Zubereitungszeit
Pro Portion ca. 110 kcal

2 Blutorangen
2 rosa Grapefruits
1 Zucchino
2 grüne Paprikaschoten
2 rote Zwiebeln
2 TL Knoblauchöl (s. Tipp)
2 EL Currypulver
2 Prisen Tandoori-Gewürz
300 ml Gemüsebrühe
Salz
Pfeffer
1 EL Speisestärke

1 Obst und Gemüse putzen und waschen. Orangen und Grapefruits mit der weißen Haut schälen. Früchte längs in Spalten schneiden. Zucchino längs halbieren, in ½ cm dicke Scheiben schneiden. Paprika in Rauten schneiden. Zwiebeln schälen und in dünne Streifen schneiden.

2 Zuerst den Wok, dann das Knoblauchöl erhitzen. Zwiebeln darin unter Rühren glasig braten. Paprika und Zucchino in die Mitte des Woks einrühren. Mit Curry und Tandoori-Gewürz bestäuben und in 2 Min. bissfest braten.

3 Mit Brühe aufkochen lassen, salzen und pfeffern. Speisestärke in etwas Wasser anrühren, die Sauce damit andicken. Früchte dazugeben.

KÜCHEN-TIPPS

Knoblauchöl: 4 Knoblauchzehen in Scheiben schneiden. In 1 EL Erdnussöl goldbraun braten. Abkühlen lassen, mit 1/8 l Öl aufgießen. Das Öl hält sich kühl und dunkel aufbewahrt etwa 3 Wochen.

Wer keine Instant-Brühe verwenden möchte, kann Gemüsebrühe ganz einfach selbst zubereiten – am besten auf Vorrat: 1 Zwiebel, je 100 g Lauch und Sellerie und 200 g Möhren, alles sehr klein geschnitten, mit 1 Bund grob zerkleinerter Petersilie, 1 Lorbeerblatt und Pfeffer in 1 l Salzwasser aufkochen lassen. Bei schwacher Hitze 45 Min. garen. Brühe abseihen und sofort weiterverarbeiten oder portionsweise einfrieren.

scharf/für Gäste

Kürbis-Mango-Curry

Für 2 Personen | 35 Min. Zubereitungszeit
Pro Portion ca. 230 kcal

1 Stück Kürbis (etwa 500 g)
2 Schalotten
1 Stück frischer Ingwer (etwa 1 cm)
1 Mango (etwa 250 g)
½ Bund Basilikum
2 EL Öl
2 TL rote oder grüne Thai-Currypaste
¼ l Gemüsebrühe
1 EL Zitronensaft
Salz

1 Den Kürbis schälen und von den Kernen mit dem faserigen Fruchtfleisch befreien. Kürbis in etwa ½ cm breite Stifte schneiden. Schalotten und Ingwer schälen und fein hacken. Die Mango schälen, Fruchtfleisch in Stücken vom Kern schneiden und grob würfeln. Basilikum waschen, trocken schütteln, die Blättchen abzupfen und grob hacken.

2 Öl im heißen Wok erhitzen, den Kürbis darin 2–3 Min. braten. Schalotten, Ingwer und die Currypaste untermischen und weitere 2 Min. braten.

3 Gemüsebrühe mit gut der Hälfte des Basilikums untermischen, weitere 4–6 Min. garen, bis der Kürbis bissfest ist. Mango mit Zitronensaft untermischen, erhitzen. Mit Salz abschmecken und mit dem übrigen Basilikum bestreuen. Dazu passen Reis und als Getränk ein kühles Bier.

GESCHMACKS-TIPP

Besonders gut schmeckt das Curry, wenn Sie es mit Thai-Basilikum zubereiten.

schnell

Curry-Linsen mit Aprikosen

Für 4 Personen | 30 Min. Zubereitungszeit
Pro Portion ca. 340 kcal

½ Bund Staudensellerie (etwa 400 g)
2 Knoblauchzehen
2 rote Chilischoten
2 EL Butterschmalz
2 TL Garam masala (Gewürzmischung)
1 TL gemahlener Kreuzkümmel
250 g rote Linsen
½ l Gemüsebrühe
300 g Aprikosen (ersatzweise aus der Dose)
Salz
Pfeffer
200 g Naturjoghurt

1 Den Sellerie waschen, das Grün abzupfen und beiseitelegen. Sellerie putzen und in dünne Scheiben schneiden. Knoblauchzehen schälen und klein würfeln. Chilis putzen, entkernen und in sehr feine Ringe schneiden.

2 Den Wok erhitzen, darin das Butterschmalz heiß werden lassen. Sellerie, Knoblauch und Chilis 1 Min. pfannenrühren. Garam masala und Kreuzkümmel einrühren, kurz anschwitzen. Linsen dazugeben und Brühe angießen. Aufkochen und zugedeckt 10–12 Min. köcheln lassen.

3 Inzwischen die Aprikosen waschen, halbieren und entsteinen. In Spalten schneiden und untermischen, salzen und pfeffern. Mit grob gehacktem Selleriegrün garnieren und mit Joghurt servieren.

Spezialität aus Indien

Paneer mit Kokos-Tomaten-Spinat

Für 2 Personen
30 Min. Zubereitungszeit
4 Std. 30 Min. Ruhen
Pro Portion ca. 505 kcal

1 l Milch
Salz
2 EL Zitronensaft
300 g Spinat
150 g Tomaten
1 Zwiebel
1 Knoblauchzehe
1 EL Kokosraspeln
1 EL Öl
100 g Kokosmilch (aus der Dose)
1 TL Kurkuma
Chilipulver
frisch gemahlener Pfeffer

1 Milch mit ½ TL Salz zum Kochen bringen. Vom Herd nehmen und den Zitronensaft einrühren. Erneut erwärmen, bis sich eine quarkähnliche Masse abtrennt. Ein sauberes Küchentuch in ein Sieb legen und den Paneer in das Tuch abgießen. Kalt abspülen und 30 Min. stehen lassen. Dann leicht auspressen, im Tuch zu einem Block formen und 4 Std. beschweren. Nach der Ruhezeit in 2 cm große Würfel schneiden.

2 Spinat verlesen, gründlich waschen und abtropfen lassen. Spinat grob hacken. Tomaten überbrühen, häuten und achteln. Zwiebel und Knoblauch schälen und sehr fein hacken.

3 Den Wok erhitzen und die Kokosraspeln darin ohne Fett unter Rühren goldgelb rösten. Auf einem Teller beiseitestellen.

4 Öl in den Wok geben, Zwiebel und Knoblauch darin 1 Min. braten. Spinat zugeben und unter Rühren zusammenfallen lassen. Die Kokosmilch mit den Tomaten untermischen, mit Kurkuma, Chilipulver, Salz und Pfeffer würzen.

5 Die Paneerwürfel auf den Spinat legen und heiß werden lassen. Dann vorsichtig untermischen, abschmecken und mit den Kokosraspeln bestreut servieren. Dazu passt (gewürzter) Reis.

TIPP

Der indische Paneer schmeckt schön mild und frisch. Fertig kaufen kann man ihn leider nicht.

schnell/fruchtig

Gemüse mit Banane und Erdnusssauce

Für 2 Personen | 30 Min. Zubereitungszeit
Pro Portion ca. 380 kcal

1 feste Banane | 1 EL Zitronensaft | 1 Zucchino | 2 dünne Stangen Lauch | 1 rote Paprikaschote | 150 g Cocktailtomaten | 2 EL Erdnusscreme | ⅛ l Gemüsebrühe | 4 EL Öl | 2 getrocknete Chilischoten | 1 Prise Zimtpulver | Salz | kleine Petersilienblättchen zum Bestreuen

1 Die Banane schälen und in 1 cm dicke Scheiben schneiden, mit dem Zitronensaft mischen. Gemüse waschen und putzen. Den Zucchino und Lauch in Stifte bzw. Ringe schneiden. Paprika in feine Streifen teilen, die Tomaten halbieren. Die Erdnusscreme mit der Gemüsebrühe verrühren.

2 Öl im heißen Wok erhitzen. Die Chilis darin unter Rühren 2 Min. anrösten. Mit einem Schaumlöffel herausholen.

3 Bananenscheiben im Öl ½ Min. braten, an den Rand des Woks schieben. Zucchino, Paprika und Lauch unter Rühren bei starker Hitze 4 Min. braten. Banane mit Tomaten und Sauce untermischen und heiß werden lassen. Das Gemüse mit Zimt und Salz abschmecken. Mit Petersilie bestreut servieren.

UND DAZU?
Dazu passen Reis und als Getränk Bier oder Rotwein.

schnell/aromatisch

Asia-Nudeln mit Pilzen

Für 2 Personen | 25 Min. Zubereitungszeit
Pro Portion ca. 410 kcal

150 g Asia-Eiernudeln | Salz | 300 g gemischte Pilze | 1 Stück frischer Ingwer (etwa 1 cm) | 2 Knoblauchzehen | 1 EL neutrales Öl | 2 EL Sojasauce | 2 TL Sesamwürzöl | 1 EL Sesamsamen

1 Nudeln in mildem Salzwasser nach Packungsanweisung kochen, abschrecken und abtropfen lassen. Die Pilze putzen und in Streifen schneiden. Den Ingwer und den Knoblauch schälen und fein hacken.

2 Das Öl im heißen Wok erhitzen. Pilze darin unter Rühren 3–4 Min. braten. Ingwer und Knoblauch untermischen, Pilze mit Sojasauce, Sesamöl und Salz würzen. Nudeln untermischen und erwärmen. Mit Sesam bestreut servieren.

gelingt leicht/scharf

Würzige Buchweizennudeln

Für 2 Personen
35 Min. Zubereitungszeit
Pro Portion ca. 490 kcal

170 g japanische Soba-Nudeln
Salz
1 Stange Staudensellerie
100 g Champignons
1 Knoblauchzehe
1 Stängel Zitronengras
½ Bund Basilikum
3 EL Öl
1 EL Sesamsamen
2 EL süßsaure Chilisauce (Fertigprodukt)

1 Nudeln in Salzwasser knapp bissfest kochen, kalt abschrecken und gründlich abtropfen lassen.

2 Sellerie waschen, putzen und in Scheiben schneiden. Pilze putzen und ebenfalls in Scheiben schneiden. Knoblauch schälen und hacken. Zitronengras waschen und in 3 cm lange Stücke schneiden, das Basilikum waschen, trocken schütteln und Blättchen abzupfen.

3 Im Wok 2 EL Öl erhitzen. Nudeln hineingeben und in 2 Min. auf der Unterseite knusprig werden lassen. Wenden, ebenfalls bräunen und dann herausnehmen.

4 Pilze und Sellerie im restlichen Öl mit Zitronengras 2 Min. braten. Knoblauch, Sesam und Basilikum dazugeben, weitere 2 Min. braten. Nudeln mit Chilisauce untermischen, erhitzen, salzen. Dazu passt ein frischer Gurkensalat.

GETRÄNKE-TIPP

Zu den würzigen Nudeln schmeckt am besten ein kühles Bier.

schnell

Pikante Spinat-Nudeln

Für 4 Personen | 25 Min. Zubereitungszeit
Pro Portion ca. 495 kcal

Salz | 250 g chinesische Weizennudeln | 1 TL Sesamwürzöl | 400 g zarter Blattspinat | 2 Knoblauchzehen | 3 EL Öl | 100 g geschälte Erdnüsse | 4 EL Hoisinsauce | 3 EL Sojasauce | ⅛ l Gemüsebrühe | Pfeffer

1 Salzwasser zum Kochen bringen. Die Nudeln darin bissfest garen. In einem Sieb abtropfen lassen, in eine Schüssel geben und das Sesamöl untermischen.

2 Den Spinat waschen und putzen. Den Knoblauch schälen und fein hacken. Das Öl im heißen Wok erhitzen, Knoblauch und Erdnüsse darin unter Rühren 2 Min. braten. Hoisinsauce einrühren, Spinat zufügen und wenden. Mit Sojasauce und Brühe aufgießen, salzen und pfeffern, dann die Nudeln untermischen.

scharf/chinesisch

Tofu mit schwarzen Bohnen (im Bild vorne)

Für 2 Personen | 30 Min. Zubereitungszeit
Pro Portion ca. 300 kcal

1 Stange Staudensellerie | 1 Möhre | 1 Zwiebel | 2 Knoblauchzehen | 1 Stück frischer Ingwer (etwa 2 cm) | 2 getrocknete Chilischoten | 300 g Tofu | 2 EL fermentierte schwarze Bohnen | 2 EL Öl | 1/8 l Gemüsebrühe | 2 EL Sojasauce | ½ TL Speisestärke | Salz

1 Den Sellerie waschen und putzen, die Möhre schälen, beides sehr fein schneiden. Zwiebel, Knoblauch und Ingwer schälen und mit den Chilis sehr fein hacken. Den Tofu grob würfeln und die Bohnen hacken.

2 Das Öl im Wok erhitzen. Gemüse mit der Zwiebelmischung darin 3 Min. braten. Die Bohnen und die Brühe dazugeben. Tofu und Sojasauce untermischen und heiß werden lassen.

3 Stärke in wenig kaltem Wasser anrühren und untermischen, einmal aufkochen lassen. Den Tofu mit Salz abschmecken und servieren.

SERVIER-TIPP

Servieren Sie den Tofu mit Reis und Sesamwürzöl zum Beträufeln. Als Getränk dazu schmeckt ein kühles Bier besonders gut.

INFO

Fermentierte schwarze Bohnen sind stark salzhaltig und dienen als kräftiges Gewürz für viele asiatische Gerichte.

gelingt leicht/fruchtig

Marinierter Tofu mit Zuckerschoten (im Bild hinten)

Für 2 Personen | 20 Min. Zubereitungszeit | 1 Std. Marinieren
Pro Portion ca. 445 kcal

½ Bio-Zitrone | 2 Knoblauchzehen | 1 grüne Chilischote | 1 Zweig Rosmarin | 4 Stängel Oregano | ½ Bund Basilikum | 2 EL Olivenöl | 250 g Tofu | 150 g Zuckerschoten | 100 g Sahne | Salz | frisch gemahlener Pfeffer

1 Die Zitrone heiß waschen, die Schale dünn abschälen und fein hacken. Den Saft auspressen. Den Knoblauch schälen, Chili waschen und putzen, beides zusammen fein hacken. Kräuter waschen, trocken schütteln und fein hacken. Alle diese Zutaten mit 1 EL Öl verrühren.

2 Den Tofu in grobe Würfel schneiden, mit der Marinade mischen und mindestens 1 Std. ziehen lassen.

3 Dann die Zuckerschoten waschen, putzen und die Enden abschneiden. Den Wok erhitzen, Tofu darin mit der Marinade braten, bis er leicht gebräunt ist. Herausnehmen.

4 Die Zuckerschoten im übrigen Öl in etwa 4 Min. bissfest braten. Tofu mit der Sahne untermischen, salzen, pfeffern und eventuell mit etwas Zitronensaft abrunden.

SERVIER-TIPP

Dazu passen Reis oder Kartoffeln und als Getränk Weißwein oder Rosé.

schnell

Frühlingsrollen mit Sprossen

Für 2 Personen
30 Min. Zubereitungszeit
Pro Portion ca. 195 kcal

80 g Mungobohnensprossen
1 große Möhre
2 Frühlingszwiebeln
1 Stück frischer Ingwer (etwa 1 cm)
1 EL Öl
1 TL rote Currypaste
1 TL Honig
Meersalz
6 runde Reispapierblätter (à 22 cm ∅)
1 EL Mehl
3 EL dunkle Sojasauce

1 Die Sprossen verlesen, waschen und gut abtropfen lassen. Die Möhre waschen, schälen und in feine Streifen schneiden. Frühlingszwiebeln waschen und putzen, hellen Teil in Streifen, Grün in Ringe schneiden. Ingwer schälen und fein hacken.

2 Zuerst den Wok, dann das Öl darin erhitzen. Sprossen und Möhre zugeben, unter Rühren 3 Min. braten. Frühlingszwiebeln und Ingwer zufügen, 1 Min. mitbraten, dabei rühren. Das Gemüse mit Currypaste, Honig und Salz würzen, herausnehmen und abkühlen lassen.

3 Reispapierblätter einzeln in warmes Wasser tauchen, dabei weich werden lassen. Dann nebeneinander auf ein feuchtes Küchentuch legen. Das Mehl mit 1 EL Wasser zu einer Paste verrühren.

4 Jeweils 3 EL Gemüsefüllung auf die einzelnen Reispapierblätter geben. Die Seiten einschlagen, dann fest aufrollen. Enden mit etwas Mehlpaste verschließen. Röllchen in einen Dämpfkorb legen. 5 cm hoch Wasser in den Wok füllen und bei starker Hitze zum Kochen bringen. Die Rollen zugedeckt im Wok 10 Min. dämpfen. Die Sojasauce dazu servieren.

UND DAZU? – CHILISAUCE

Wer es gerne feurig mag, dippt die Frühlingsrollen in scharfe Chilisauce: 1 kleine rote Zwiebel und 1 Knoblauchzehe schälen und fein hacken. 1 kleine rote Chilischote waschen, halbieren und würfeln, dabei die Kerne entfernen. Zwiebel, Knoblauch, Chilischote, die abgezupften Blätter von 5 Stängeln Koriandergrün sowie 1 Prise Meersalz im Mörser fein zerstoßen. Zuletzt 1 EL Öl und 2 EL helle Sojasauce darunterrühren.

gelingt leicht

Süßsaures Wintergemüse mit Walnüssen

Für 4 Personen | 35 Min. Zubereitungszeit
Pro Portion ca. 330 kcal

400 g Rosenkohl (frisch oder TK) | Salz | 300 g Möhren | 300 g Knollensellerie | 1 Stange Lauch | 1 Zwiebel | 1 Knoblauchzehe | 1 Stück frischer Ingwer (etwa walnussgroß) | 1 rote Chilischote | ⅛ l Gemüsebrühe | 2 EL Sherry | 4 EL Sojasauce | 4 EL Weißweinessig | 2 EL Honig | 2 gestrichene TL Speisestärke | 4 EL Öl | 80 g grob gehackte Walnusskerne | schwarzer Pfeffer | 1 Bund Petersilie

1 Rosenkohl waschen und putzen, die Röschen am Strunkende kreuzweise einschneiden. Röschen in kochendem Salzwasser in ca. 8 Min. bissfest garen (TK-Gemüse unaufgetaut ins kochende Wasser geben). Kalt abschrecken und gründlich abtropfen lassen. Rosenkohl je nach Größe halbieren oder vierteln.

2 Möhren und Sellerie schälen und zuerst in dünne Scheiben, dann in feine Stifte schneiden. Lauch putzen, gut waschen und schräg in ca. ½ cm dünne Scheiben schneiden. Zwiebel, Knoblauch und Ingwer schälen und fein würfeln. Chilischote waschen, entkernen und in winzige Würfel schneiden. Gemüsebrühe mit Sherry, Sojasauce, Essig, Honig und Speisestärke gründlich verrühren.

3 Wok erhitzen, 2 EL Öl hineingeben. Walnüsse darin ca. 1 Min. braten, mit einem Schaumlöffel herausheben. Zwiebel, Ingwer und Knoblauch kurz anbraten. Möhren, Sellerie und Lauch ca. 2 Min. unter Rühren mitbraten. Rosenkohl und Chili mit dem restlichen Öl untermischen, noch ca. 1 Min. braten. Sauce angießen, Walnüsse untermischen und alles bei starker Hitze noch ca. 2 Min. braten. Mit Salz und Pfeffer abschmecken.

4 Petersilie waschen, trocken schütteln, Blättchen abzupfen, fein hacken und über das Gemüse streuen. Dazu schmeckt Reis.

kalorienarm

Chinagemüse mit Tofu

Für 4 Personen | 45 Min. Zubereitungszeit
Pro Portion ca. 235 kcal

300 g Tofu | 900 g gemischtes Gemüse (z. B. Möhren, Spargel, Champignons, Chinakohl, Maiskölbchen, Zuckerschoten, Mungobohnensprossen) | 3 Frühlingszwiebeln | 1 Stück frischer Ingwer (etwa walnussgroß) | 2 Knoblauchzehen | 1/8 l Gemüsebrühe | 4 EL Sojasauce | 2 TL Sesamwürzöl | 1 TL Speisestärke | 3 EL Öl | Salz | Pfeffer

1 Tofu in 3 cm große Würfel schneiden. Gemüse waschen und putzen oder schälen. Möhren, Spargel und Champignons in dünne Scheiben, Chinakohl in Streifen schneiden. Maiskölbchen längs halbieren, Zuckerschoten und Sprossen ganz lassen. Frühlingszwiebeln waschen, putzen, längs halbieren und in Stücke teilen. Ingwer und Knoblauch schälen und fein würfeln. Die Brühe mit 2 EL Sojasauce, Sesamöl und Speisestärke verquirlen.

2 Öl im heißen Wok stark erhitzen. Den Tofu in 2 Min. ausbacken. Mit einer Siebkelle herausheben und auf Küchenpapier abtropfen lassen. Mit der restlichen Sojasauce beträufeln.

3 Ingwer, Knoblauch und Frühlingszwiebeln im verbliebenen Öl anbraten. Möhren und Spargel 3 Min. unter ständigem Rühren braten, dann Zuckerschoten und Champignons 2 Min. mitbraten. Zum Schluss Sprossen, Chinakohl und Maiskölbchen noch 2 Min. pfannenrühren.

4 Die Würzsauce angießen, einmal aufkochen lassen. Den Tofu dazugeben, mit Salz und Pfeffer würzen. Das Ganze bei starker Hitze noch 1 Min. durchmischen. Dazu passt Reis als Beilage.

preiswert/gelingt leicht

Eierstückchen mit Gemüse (im Bild)

Für 2 Personen
35 Min. Zubereitungszeit
Pro Portion ca. 330 kcal

200 g Brokkoliröschen
150 g zarter Wirsing
½ rote Paprikaschote
2 Frühlingszwiebeln
1 Tomate
60 ml Gemüsebrühe
1 EL Sojasauce
2 TL Sesamwürzöl
2 Eier (Größe M)
Salz
3 EL neutrales Öl

1 Brokkoli waschen und je nach Größe halbieren oder vierteln. Wirsing waschen, putzen und in feine Streifen schneiden. Paprika putzen, waschen und ebenfalls in Streifen teilen. Die Frühlingszwiebeln waschen, putzen und in Ringe schneiden. Tomate waschen und klein würfeln.

2 Brühe mit Sojasauce und Sesamöl verrühren. Die Eier mit etwas Salz verquirlen. 2 EL neutrales Öl im Wok erhitzen. Eiermasse hineingeben, durch Schwenken verteilen und stocken lassen. Dann mit einem Holzspatel in Stücke teilen und noch kurz weiterbraten. Herausnehmen.

3 Zuerst den Brokkoli im restlichen Öl 3 Min. braten. Wirsing, Paprika und die Zwiebelringe 3 Min. mitbraten. Würzsauce und Tomate noch 1 Min. mitgaren. Eier untermischen und heiß werden lassen, alles mit Salz abschmecken.

SERVIER-TIPP
Reichen Sie zu den Eierstückchen Reis als Beilage.

für Gäste

Spargel-Fondue

Für 4 Personen | 30 Min. Zubereitungszeit
Pro Portion ca. 210 kcal

200 g Tomaten | 1 rote Zwiebel | 1/4 Knoblauchzehe | 1 Chilischote | 2 EL Honig | Saft von 1 Limette | 1 l Gemüsebrühe | Salz | Pfeffer | 2 kg Spargel | 2 Möhren | 400 g kleine Champignons | 400 g Brokkoli | 4 Drahtlöffel

1 Tomaten waschen und vierteln. Zwiebel und Knoblauch schälen und klein schneiden. Chilischote putzen und klein schneiden.

2 Zuerst den Wok erhitzen, dann darin den Honig goldbraun karamellisieren lassen. Zwiebel, Knoblauch, Chili und Tomaten 1 Min. darin dünsten. Mit Limettensaft, 2 EL Brühe, Salz und Pfeffer abschmecken. Die Tomaten-Salsa erkalten lassen.

3 Spargel schälen und quer halbieren. Möhren schälen, vierteln und quer halbieren. Pilze putzen und ganz lassen. Brokkoli waschen, in Röschen teilen, Stiele schälen und in Stifte schneiden.

4 Den Wok auf einem Rechaud am Tisch erhitzen. Brühe darin aufkochen, salzen, pfeffern und bei schwacher Hitze köcheln. Die Gemüse mit Drahtlöffeln 6–8 Min. in der Brühe garen. Mit Tomaten-Salsa servieren. Ein Relish und Avocadocreme passen ebenfalls gut dazu.

für Gourmets/macht was her

Kressesalat mit lauwarmen Topfen-Röllchen

Für 4 Personen | 50 Min. Zubereitungszeit
Pro Portion ca. 370 kcal

Saft von ½ Orange | 1 TL Dijon-Senf mit Honig | 2 TL Honig | 3 EL Weißweinessig | Salz | frisch gemahlener Pfeffer | 8 EL Nussöl (z. B. Mandelöl) | 50 g Brunnen- und Kapuzinerkresse | 50 g Portulak | 2 Kästchen Gartenkresse | 250 g Topfen | 1 Ei (Größe M) | 5 EL frisch geriebener Parmesan | 3 EL Toastbrotbrösel | 1 dickerer Zucchino (etwa 350 g)

1 Orangensaft, Senf, Honig, Essig, Salz, Pfeffer und 5 EL Nussöl zu einer Vinaigrette verrühren.

2 Brunnen- und Kapuzinerkresse sowie den Portulak waschen, trocken schleudern und größere Blätter kleiner schneiden. Gartenkresse mit der Küchenschere vom Beet abschneiden. Den Salat auf vier Tellern verteilen.

3 Topfen, Ei, Parmesan, Brösel, Salz und Pfeffer verrühren. Zucchino waschen, putzen, längs in möglichst dünne Scheiben schneiden. In kochendem Salzwasser garen, bis sie biegsam sind. Abschrecken und trocken tupfen. Die Zucchinischeiben mit der Topfenmasse bestreichen, aufrollen und mit Zahnstochern fixieren.

4 Das restliche Öl in einer Pfanne erhitzen, die Röllchen darin rundherum bei starker Hitze 2–3 Min. braten. Den Salat mit der Vinaigrette beträufeln und mit den lauwarmen Topfenröllchen belegen.

DEKO-TIPP

Besonders hübsch: den Salat mit Kapuzinerkresseblüten in unterschiedlichsten Farben garnieren.

scharf/schnell

Zucchini in Senf-Joghurt-Sauce

Für 4 Personen | 25 Min. Zubereitungszeit
Pro Portion ca. 175 kcal

700 g junge Zucchini | 4 Tomaten | 2 grüne Chilischoten | 1 gestrichener EL Senfmehl | 4 EL Öl | 2 TL Kurkuma | 2 TL edelsüßes Paprikapulver | 150 g Joghurt | Salz | Koriander- oder Basilikumblättchen zum Bestreuen

1 Die Zucchini waschen, putzen und in 1 cm große Würfel schneiden. Stielansätze der Tomaten entfernen. Tomaten kurz überbrühen, häuten und in Achtel schneiden. Die Chilischoten waschen, vom Stielansatz befreien und mit den Kernen fein hacken. Das Senfmehl mit 50 ml Wasser glatt verrühren.

2 Das Öl in einer Pfanne erhitzen. Gehackte Chilis, Kurkuma und Paprikapulver darin 1 Min. anbraten. Zucchini hinzufügen und 2–3 Min. braten. Joghurt zusammen mit dem Senfwasser einrühren, Tomaten untermischen und alles mit Salz abschmecken. Zucchini zugedeckt bei schwacher Hitze 5–7 Min. garen. Mit Kräuterblättchen bestreut servieren.

SERVIER-TIPP
Als Beilage dazu schmecken Kartoffeln oder Reis.

einfach / für den Alltag

Würziges Eier-Curry

Für 4 Personen | 40 Min. Zubereitungszeit
Pro Portion ca. 265 kcal

250 g mehlig kochende Kartoffeln
1 ½ TL Kurkuma
2 EL Öl
4 hart gekochte Eier
4 mittelgroße Zwiebeln
2 kleine Knoblauchzehen
1 Stück frischer Ingwer (4 cm)
4 EL Ghee (ersatzweise Butterschmalz)
3 Nelken
3 grüne Kardamomkapseln
3 Zimtstangen (je etwa 2 cm)
2 Lorbeerblätter
½ TL Chilipulver
Salz
1 TL Garam masala

1 Die Kartoffeln schälen, in etwa 3 cm große Stücke schneiden und mit ¼ TL Kurkuma vermischen. In einer Pfanne in 2 EL Öl anbraten, wieder herausnehmen. Die Eier pellen und mehrmals einritzen.

2 Zwiebeln und Knoblauch schälen, Zwiebeln fein schneiden, Knoblauch pressen. Ingwer schälen und fein reiben. Ghee erhitzen. Zwiebeln, Nelken, Kardamom, Zimt und Lorbeerblätter bei mittlerer Hitze etwa 5 Min. anbraten, bis die Zwiebeln braun sind. Übrige Kurkuma, Chilipulver, Ingwer und Knoblauch dazugeben, 1 Min. mitbraten.

3 Kartoffeln, Eier, Salz und ¼ l Wasser hinzufügen, zugedeckt 15 Min. köcheln lassen, bis die Kartoffeln weich sind. Garam masala darüberstreuen und das Curry warm mit Reis oder Brot servieren.

preiswert / scharf

Tomatenragout mit Eiern

Für 4 Personen | 45 Min. Zubereitungszeit
Pro Portion ca. 220 kcal

800 g Tomaten
1 Zucchino
2 Zwiebeln
4 getrocknete Chilischoten
2 EL Olivenöl
1 TL getrocknete italienische Kräuter
2 TL Tomatenmark
Salz
8 kleine Eier
½ Bund Basilikum

1 Stielansätze der Tomaten entfernen, Tomaten kurz überbrühen, häuten und sehr klein würfeln. Zucchino waschen, putzen und ebenfalls klein schneiden. Zwiebeln schälen, halbieren, in Streifen schneiden. Chilis zerkrümeln.

2 Öl in einer weiten Pfanne mit Deckel erhitzen. Zwiebeln und Zucchiniwürfel mit Chili und Kräutern darin anbraten. Tomaten dazugeben, mit Tomatenmark und Salz würzen und alles bei mittlerer Hitze etwa 10 Min. offen garen.

3 Eier einzeln in eine Tasse aufschlagen und vorsichtig nebeneinander in die Sauce setzen. Die Eier salzen, zugedeckt bei schwacher Hitze in etwa 20 Min. stocken lassen. Basilikumblätter von den Stängeln zupfen und auf das Gericht streuen.

kalorienarm/herzhaft

Reis mit Garten-gemüse

Für 4 Personen | 35 Min. Zubereitungszeit
Pro Portion ca. 715 kcal

1 Aubergine
je 1 rote und grüne Paprikaschote
250 g Mangold
4 Knoblauchzehen
4 EL Öl
150 g geschälte Tomaten (aus der Dose)
400 g Paella- oder Risottoreis
je 250 g grüne und gelbe Bohnen (aus dem Glas)
1 l Gemüsebrühe
Salz
rosenscharfes Paprikapulver
5 Safranfäden

1 Das Gemüse waschen, putzen und in mundgerechte Stücke schneiden. Knoblauch schälen, in Scheiben schneiden und im Öl in einer flachen, weiten Pfanne bei mittlerer Hitze 3 Min. andünsten.

2 Aubergine, Paprika und Tomaten 3 Min. mitdünsten. Den Reis 3 Min. mitbraten. Bohnen abgießen und mit Mangold und der Brühe zufügen. Mit Salz, Paprikapulver und zerriebenem Safran würzen.

3 Vorsichtig umrühren, bei starker Hitze offen 10 Min. kochen lassen, dann 10 Min. bei schwacher Hitze garen. Eventuell etwas Wasser nachgießen. Noch 5 Min. abgedeckt ruhen lassen. Dazu passen Aioli und frisches Stangenweißbrot.

preiswert

Gemüse-pfanne mit Feta

Für 4 Personen | 40 Min. Zubereitungszeit
Pro Portion ca. 280 kcal

600 g kleine festkochende Kartoffeln
Salz
300 g Brokkoli
1 große rote Paprikaschote
2 Tomaten
1 Zwiebel
2 EL Butterschmalz
rosenscharfes Paprikapulver
Pfeffer
200 g Feta

1 Kartoffeln waschen, in Salzwasser 20 Min. garen. Brokkoli waschen, putzen und in Röschen teilen. In kochendem Salzwasser 3 Min. blanchieren, eiskalt abschrecken. Paprika waschen, putzen und in feine Streifen schneiden. Tomaten waschen, vierteln, entkernen und in Spalten schneiden. Zwiebel schälen und klein würfeln.

2 Kartoffeln abgießen, ausdampfen und etwas abkühlen lassen, schälen und in Scheiben schneiden.

3 Schmalz in einer großen Pfanne erhitzen. Die Kartoffelscheiben hineingeben, mit Zwiebelwürfeln bestreuen und 5 Min. anbraten. Dann Paprika und Brokkoli hinzufügen, wenden und 3 Min. weiterbraten. Tomaten unterheben, mit Salz, Pfeffer und Paprikapulver würzen. Zerbröckelten Feta aufstreuen.

für Gourmets

Kürbis-Maronen-Gemüse

Für 4 Personen | 40 Min. Zubereitungszeit
Pro Portion ca. 510 kcal

1 kg Kürbis (ungeputzt gewogen)
200 g Schalotten
3 EL Butter
250 ml Gemüsebrühe
150 g Crème fraîche
Salz
Pfeffer
1 Msp. Cayennepfeffer
500 g gegarte Maronen (vakuumverpackt oder aus der Dose)
1 Bund Petersilie

1 Kürbis schälen, Kerne und Samenfäden entfernen, Kürbisfleisch würfeln. Schalotten schälen und längs halbieren oder vierteln.

2 Butter in einer großen Pfanne erhitzen. Schalotten darin 3 Min. anbraten. Kürbis dazugeben und 5 Min. mitdünsten. Brühe und Crème fraîche unterrühren, aufkochen, mit Salz, Pfeffer und Cayennepfeffer würzen. Bei mittlerer Hitze unter gelegentlichem Rühren offen 10 Min. köcheln lassen.

3 Maronen untermischen. Zugedeckt weitere 5 Min. mitschmoren. Petersilie waschen, trocken schütteln, Blättchen abzupfen und hacken. Gemüse mit Salz und Pfeffer abschmecken, Petersilie aufstreuen. Dazu schmecken Stangenweißbrot und Salat.

schnell/gelingt leicht

Bunte Tomaten-Pilzpfanne

Für 4 Personen | 20 Min. Zubereitungszeit
Pro Portion ca. 110 kcal

700 g gemischte Pilze (am besten Steinpilze, Pfifferlinge und kleine Champignons)
250 g Cocktailtomaten
½ Bund Thymian
2 Knoblauchzehen
3 EL Olivenöl
Salz
frisch gemahlener Pfeffer
Cayennepfeffer
1 Prise Zucker

1 Die Pilze putzen. Steinpilze in dünne Scheiben schneiden, Pfifferlinge und Champignons ganz lassen oder halbieren. Die Tomaten waschen und halbieren.

2 Thymian waschen und trocken schütteln, die Blättchen abstreifen. Den Knoblauch schälen und in dünne Scheiben schneiden.

3 Das Öl in einer großen Pfanne erhitzen. Die Pilze darin bei starker Hitze unter Rühren 5 Min. braten. Thymian und Knoblauch kurz mitbraten.

4 Tomaten untermischen. Die Pilze mit Salz, Pfeffer, Cayennepfeffer und Zucker abschmecken und alles noch 1–2 Min. ziehen lassen. Dazu passen Rösti, Nudeln oder Weißbrot und ein leichter Rotwein.

Fleisch & Geflügel

Gebraten, geschmort, gedämpft und frittiert – die Fleischgerichte schöpfen das gesamte Wok- und Pfannen-Repertoire voll aus. Lust auf gefüllte Litschis in Currysauce oder rotgeschmorte China-Ente?

gelingt leicht / für Gäste

Scharfe Nudelsuppe (im Bild)

Für 4–6 Personen | 30 Min. Zubereitungszeit | 30 Min. Einweichen
Bei 6 Personen pro Portion ca. 255 kcal

20 g Mu-Err-Pilze | 200 g breite Reisnudeln | 300 g mageres Rindfleisch | je 1 rote, gelbe und grüne Paprikaschote | 200 g Mungobohnensprossen | 1 Stück frischer Ingwer (etwa walnussgroß) | 3 EL Öl | 2 EL Hoisinsauce | 2 EL Sojasauce | 1 ¾ l Fleischbrühe | Salz | Pfeffer | 1–2 TL Sambal oelek

1 Pilze und Nudeln getrennt mit kochendem Wasser übergießen. Pilze 30 Min. und die Nudeln nach Packungsanweisung einweichen, abgießen und abtropfen lassen. Pilze ohne Stiele grob hacken.

2 Fleisch in feine Streifen schneiden. Paprika waschen, putzen und klein würfeln. Sprossen abbrausen. Ingwer schälen und fein würfeln.

3 Öl im heißen Wok stark erhitzen. Fleisch portionsweise unter Rühren in 1–2 Min. braun anbraten, an den Rand schieben. Ingwer kurz rösten. Paprika zufügen und unter Rühren 2 Min. braten, dann Sprossen und Pilze 1 Min. pfannenrühren. Hoisin- und Sojasauce einrühren. Brühe angießen und aufkochen lassen. Die Nudeln dazugeben, Suppe 4 Min. köcheln lassen. Mit Salz, Pfeffer und Sambal oelek abschmecken.

VEGGI-VARIANTE

Statt Fleisch geräucherten Tofu nehmen, würfeln und mit den Nudeln in die Suppe geben.

aromatisch

Puten-Kokos-Suppe

Für 2 Personen
55 Min. Zubereitungszeit
Pro Portion ca. 235 kcal

250 g Putenbrustfilet
3 Frühlingszwiebeln
1 Stück frischer Galgant (etwa 1 cm, ersatzweise frischer Ingwer)
1 Stängel Zitronengras
1 EL Öl
350 ml Gemüsebrühe
150 ml Kokosmilch (aus der Dose)
1 rote Chilischote
1 EL Limettensaft
2 EL Austernsauce

1 Putenbrust quer zur Faser in kleine Würfel schneiden. Frühlingszwiebeln putzen und waschen, den hellen Teil schräg in Scheiben, das Grün in Ringe schneiden. Galgant schälen und fein reiben. Zitronengras putzen, das Ende abschneiden. Zitronengras längs halbieren und mit einem Messer breit klopfen.

2 Zuerst den Wok, dann das Öl darin erhitzen. Die Putenbrust und Frühlingszwiebeln hinzufügen und unter Rühren 2 Min. braten. Galgant und Zitronengras darunterrühren. Brühe und Kokosmilch zugießen. Die Suppe zugedeckt 20 Min. köcheln lassen.

3 Die Chilischote waschen, halbieren und in feine Ringe schneiden, dabei die Kerne entfernen. Zitronengras aus der Suppe nehmen. Die Suppe mit Limettensaft und Austernsauce abschmecken. Mit der Chilischote bestreuen und servieren.

für Gäste / macht was her

Frühlingsrollen mit Hähnchenfüllung

Für 4 Personen
1 Std. Zubereitungszeit
Pro Portion ca. 400 kcal

28 kleine tiefgekühlte Frühlingsrollenhüllen (Spring-Roll-Pastry, Asienladen; je etwa 13 × 13 cm)
10 g Mu-Err-Pilze
250 g Hähnchenbrustfilet
150 g Chinakohl
2 Frühlingszwiebeln
100 g Mungobohnensprossen
1 Knoblauchzehe
2 EL Öl
Salz
Pfeffer
2 EL helle Sojasauce
1 EL Reiswein
1 Eiweiß
1 l Öl zum Ausbacken

1 Die Teighüllen auftauen lassen, dabei mit einem nassen Tuch abdecken, damit sie nicht austrocknen. Pilze überbrühen, 30 Min. einweichen, dann abtropfen lassen und fein hacken. Fleisch hacken. Chinakohl und Frühlingszwiebeln putzen und in feine Ringe oder Streifen schneiden. Sprossen waschen. Knoblauch schälen und fein würfeln.

2 2 EL Öl im heißen Wok erhitzen. Das Fleisch unter Rühren 1 Min. braten, salzen und pfeffern. Knoblauch, Chinakohl, Zwiebeln, Sprossen und Pilze zufügen und 1 Min. pfannenrühren. Sojasauce und Reiswein angießen, kurz aufkochen, dann etwas abkühlen lassen.

3 Je 1 EL Füllung in die Mitte der einzelnen Teighüllen setzen. Mit dem Aufrollen an einer Ecke beginnen, dabei die Seiten nach innen schlagen. Das Endstück mit Eiweiß festkleben.

4 Im Wok das Öl erhitzen (170°). Die Röllchen portionsweise im heißen Öl in 4–5 Min. goldbraun ausbacken, zwischendurch wenden. Auf dem Rost oder auf Küchenpapier abtropfen lassen.

SERVIER-TIPP

Die Frühlingsrollen mit süßsaurer Sauce zum Dippen servieren.

VEGGI-VARIANTE

Fleisch weglassen und mehr Gemüse, z. B. Möhren und Zucchini, für die Füllung verwenden.

schnell/fruchtig

Putensalat mit Nektarine

Für 4 Personen | 25 Min. Zubereitungszeit
Pro Portion ca. 165 kcal

3 TL Erdnussöl | 1 TL Zitronensaft | Salz | Pfeffer | 50 g Radicchio | 4 Nektarinen | 250 g Putenstreifen | 1 EL gehackter Rosmarin

1 1 TL Öl mit Zitronensaft, Salz und Pfeffer verrühren. Den Radicchio waschen, trocken schleudern und in Stücke teilen. Die Nektarinen waschen, vom Stein befreien und achteln.

2 Den Wok, dann das restliche Öl darin erhitzen. Darin die Putenstreifen 5 Min. braten, salzen, pfeffern und mit Rosmarin würzen. Die Nektarinen dazugeben und 2 Min. mitbraten.

3 Den Salat mit der Zitronensauce mischen. Das Fleisch und die Nektarinen darauf verteilen. Dazu schmecken Ciabatta und ein trockener Weißwein.

toll gerollt

Salatröllchen mit Rindfleisch

Für 2 Personen
30 Min. Zubereitungszeit
20 Min. Marinieren
Pro Portion ca. 385 kcal

300 g Rinderfilet (ersatzweise Rouladenfleisch)
150 ml Rotwein
2 EL Sojasauce
2 EL Öl
1 TL rote Currypaste
Meersalz
1 Zwiebel
1 rote Paprikaschote
8 schöne Blätter Römersalat
16 Blätter Rucola
schwarzer Pfeffer

1 Das Fleisch quer zur Faser in feine Streifen schneiden. Rotwein, Sojasauce, 1 EL Öl, Currypaste und etwas Salz zu einer Marinade verrühren. Das Fleisch untermischen und ca. 20 Min. darin ziehen lassen.

2 Zwiebel schälen und fein hacken. Die Paprikaschote waschen, halbieren, putzen und klein würfeln. Die Salatblätter und den Rucola waschen und gut trocken schütteln. Salatblätter ausbreiten und je zwei Blätter Rucola darauflegen.

3 Übriges Öl im Wok erhitzen. Fleisch aus der Marinade nehmen, abtropfen lassen, mit Küchenpapier trocken tupfen, zufügen und unter Rühren 1–2 Min. braten, an den Pfannenrand schieben. Zwiebel und Paprika zugeben und 2 Min. braten, dabei rühren. Fleisch untermischen, mit etwas Salz und Pfeffer würzen. Gleichmäßig auf den Salatblättern verteilen und die Blätter vorsichtig aufrollen.

UND DAZU?
Dazu passt die Chilisauce von Seite 44.

macht was her/würzig

Entenbrust in Pflaumenwein-Orangensauce

Für 2 Personen
30 Min. Zubereitungszeit
3 Std. Marinieren
Pro Portion ca. 440 kcal

1 Entenbrustfilet (Barberieente; etwa 300 g)
1 kleine Bio-Orange
2 Knoblauchzehen
Salz
je ½ TL gemahlener Koriander, Piment und Pfeffer
1 kleine Zwiebel
1 rote Chilischote
1 EL Erdnussöl
2 EL Pflaumenwein
2 EL Mango-Chutney
1 EL grob gehacktes Koriandergrün

1 Das Fleisch trocken tupfen, die Haut rautenförmig einschneiden. Die Orange heiß waschen, abtrocknen, 1 EL Schale abreiben. Orange halbieren, den Saft auspressen und mit der Schale mischen. Die ausgepressten Hälften sauber mit einem Löffel auskratzen und beiseitestellen. Knoblauch schälen und zum Orangensaft pressen. Mit Salz, Koriander, Piment und Pfeffer verrühren. Das Fleisch darin zugedeckt 2–3 Std. im Kühlschrank marinieren.

2 Das Fleisch aus der Marinade heben und trocken tupfen. Die Marinade beiseitestellen. Die Zwiebel schälen und fein hacken. Chilischote längs aufschlitzen, entkernen, waschen und würfeln.

3 Erst den Wok, dann das Öl darin erhitzen. Das Fleisch auf der Hautseite 8 Min. braten, wenden und 6 Min. braten. Herausheben und zugedeckt warm halten. Das Bratfett bis auf einen kleinen Rest abgießen. Die Zwiebel im verbliebenen Fett unter Rühren in 3–4 Min. goldgelb werden lassen. Chili unterrühren. Mit Pflaumenwein ablöschen. Marinade durch ein Sieb zugeben, 2–3 Min. einkochen lassen, salzen.

4 Das Fleisch in Scheiben schneiden und in der Sauce erhitzen. Die Orangenhälften mit Mango-Chutney füllen. Beides anrichten. Mit Koriandergrün bestreuen.

macht was her/schnell

Pilzgemüse mit Entenbrust

Für 2 Personen | 35 Min. Zubereitungszeit
Pro Portion ca. 240 kcal

je 3 getrocknete Mu-Err-und Tongu-Pilze (Shiitake) | 300 g Austernpilze oder Egerlinge | 2 Frühlingszwiebeln | 1 Möhre | 100 g Zuckerschoten | 1 TL Speisestärke | 1 EL Shaoxing-Reiswein | 2 TL helle Sojasauce | 2 EL Erdnussöl | 75 g geräucherte Entenbrust in Scheiben

1 Die getrockneten Pilze in heißem Wasser 20 Min. quellen lassen. Austernpilze putzen, säubern und in Streifen schneiden. Frühlingszwiebeln waschen und putzen. Nur die hellen Teile in feine Scheiben schneiden. Möhre schälen, längs rundum einkerben und in dünne Scheiben schneiden. Die Zuckerschoten waschen, eventuell entfädeln, schräg in Streifen schneiden.

2 Die Pilze ausdrücken, das Einweichwasser beiseitestellen. Die Stiele entfernen und die Hüte in Streifen schneiden. Stärke mit Reiswein und Sojasauce anrühren, mit 75 ml Einweichwasser (ohne Bodensatz) verrühren.

3 Erst den Wok, dann das Öl darin erhitzen. Frühlingszwiebeln und Möhre bei mittlerer Hitze unter Rühren 2–3 Min. braten, ohne dass sie bräunen. Pilze zugeben und 5 Min. braten. Zuckerschoten 1 Min. unter Rühren braten. Würzsauce zugießen und unter Rühren aufkochen lassen, bis sie gebunden ist. Anrichten und mit der geräucherten Entenbrust umlegen.

gut vorzubereiten

Gefüllte Spitzpaprika

Für 2 Personen | 50 Min. Zubereitungszeit
Pro Portion ca. 645 kcal

6 Wasserkastanien (aus der Dose) | 1 Stück frischer Ingwer (etwa haselnussgroß) | 300 g gemischtes Hackfleisch | 3 TL Speisestärke | 2 EL helle Sojasauce | Salz | Pfeffer | je 2 rote und grüne Spitzpaprika (à etwa 300 g) | 2 TL Sesamwürzöl | 1 EL Austernsauce | 4 EL Hühnerbrühe | ½ Bund Koriandergrün

1 Wasserkastanien fein hacken, Ingwer schälen und fein reiben. Beides mit Hackfleisch, Speisestärke, 1 EL Sojasauce, ½ TL Salz und Pfeffer gut vermischen.

2 Paprika waschen, längs halbieren und putzen. Die Füllung auf die Hälften verteilen, fest andrücken. Einen hitzebeständigen Teller mit 1 TL Sesamöl einpinseln, Paprika darauflegen. Austernsauce, 1 EL Sojasauce, 1 TL Sesamöl und Brühe verrühren und über die Paprika verteilen.

3 Im Wok etwa ½ l Wasser aufkochen lassen. Teller mit den Paprikahälften auf einer umgedrehten Tasse oder auf dem Dämpfgitter hineinstellen. 25–30 Min. zugedeckt dämpfen. Korianderblätter abzupfen und aufstreuen.

italienisch inspiriert

Pilz-Saltimbocca

Für 4 Personen | 25 Min. Zubereitungszeit
Pro Portion ca. 165 kcal

500 g größere Pilze (z. B. Riesen-Egerlinge, Steinpilze, Austernpilze) | 150 g roher Schinken in dünnen Scheiben | 6 Zweige Salbei | Salz | frisch gemahlener Pfeffer | 4 EL Butter | 6 EL Weißwein

1 Die Pilze putzen, Egerlinge oder Steinpilze je einmal quer bzw. längs halbieren. Den Schinken in Größe der Pilzscheiben zuschneiden. Salbei waschen, trocken schütteln und die Blätter abzupfen.

2 Die Pilze salzen und pfeffern, mit je 1 Schinkenscheibe und 2–3 Salbeiblättern belegen, mit Zahnstochern feststecken. Pilze in der Butter pro Seite 2–3 Min. bei mittlerer Hitze braten, dann mit dem Wein ablöschen.

UND DAZU?
Die Pilze mit Weißbrot servieren.

aus Andalusien/exotisch

Maurische Spießchen

Für 4 Personen
20 Min. Zubereitungszeit
2 Std. Marinieren
Pro Portion ca. 295 kcal

2 Knoblauchzehen
1 Prise Cayennepfeffer
2 Msp. gemahlener Kreuzkümmel
2 TL edelsüßes Paprikapulver
6 EL Olivenöl
50 ml Sherry
500 g Schweine- oder Lammfilet

1 Knoblauch schälen, grob zerkleinern und im Mörser mit Cayennepfeffer, Kreuzkümmel und Paprikapulver zu einer Paste verarbeiten. In einer Schüssel mit 4 EL Öl und dem Sherry verrühren.

2 Das Fleisch in mundgerechte Stücke schneiden, in der Marinade wenden und abgedeckt 2 Std. im Kühlschrank marinieren.

3 Das Fleisch auf kleine Spieße stecken und in einer Pfanne bei mittlerer Hitze im restlichen Öl rundherum in 8–10 Min. goldbraun braten.

GETRÄNKE-TIPP
Dazu passt Sherry sehr gut.

SERVIER-TIPP
Die Fleischspießchen können Sie als Tapa oder auch als Hauptspeise mit Brot und einem frischen Salat servieren.

Spezialität aus Japan

Süßkartoffeln mit Hackfleisch (im Bild)

Für 2 Personen | 25 Min. Zubereitungszeit
Pro Portion ca. 535 kcal

400 g Süßkartoffeln (rote Bataten) | 1 Stück frischer Ingwer (etwa walnussgroß) | 1 EL Erdnussöl | 125 g mageres Hackfleisch (vom Rind, Lamm oder Hähnchen) | 100 ml Fischfond (aus dem Glas) | 2 EL Reiswein | 1 TL brauner Zucker | 1 EL japanische Sojasauce | 1 EL Kresseblättchen oder Petersilie zum Bestreuen

1 Die Süßkartoffeln waschen, schälen, halbieren und in Schnitze schneiden. Den Ingwer schälen und in feine Streifen schneiden.

2 Erst den Wok, dann das Öl darin erhitzen. Das Hackfleisch bei starker Hitze etwa 2 Min. unter Rühren anbraten. Süßkartoffeln und Ingwer zugeben und rasch umwenden. Fischfond und Reiswein angießen. Die Kartoffeln zugedeckt bei mittlerer Hitze 15 Min. garen. Zucker und Sojasauce zugeben, zugedeckt nochmal 5–10 Min. garen. Mit Kresse oder Petersilie bestreut servieren.

TAUSCH-TIPP

Statt der Süßkartoffeln können Sie festkochende Kartoffeln nehmen. Stilecht wäre, anstelle der Fischbrühe Dashibrühe aus getrocknetem Bonito (Fisch aus der Thunfischfamilie) zu verwenden.

gelingt leicht/fruchtig

Gefüllte Litschis in Currysauce

Für 4 Personen
25 Min. Zubereitungszeit
Pro Portion ca. 280 kcal

1 Dose Litschis in Sirup (560 g Inhalt)
4 Scheiben Ananas oder Ananasstücke (etwa 280 g)
250 g Schweinehackfleisch
3 EL Fischsauce
schwarzer Pfeffer
10 Kaffirlimettenblätter
1 Dose Kokosmilch (400 ml Inhalt)
2 EL rote Currypaste
1 EL Palmzucker (ersatzweise brauner Zucker)
2 EL Limettensaft

1 Die Litschis und Ananas abtropfen lassen, den Ananassaft dabei auffangen. Das Hackfleisch mit 1 EL Fischsauce und etwas schwarzem Pfeffer vermischen und etwa 10 Min. marinieren lassen.

2 Ananas klein hacken. Limettenblätter waschen, aufrollen, haarfein schneiden. Litschis mit dem Hackfleisch füllen. Aus dem Rest kleine Bällchen formen.

3 4 EL vom dicken Teil der Kokosmilch in einem Topf aufkochen, die Currypaste einrühren und etwa 3 Min. bei schwacher Hitze unter ständigem Rühren kochen lassen. Palmzucker, restliche Fischsauce, Limettensaft, Ananas, übrige Kokosmilch und etwas Ananassaft dazugeben, weitere 3 Min. kochen lassen.

4 Hackfleischbällchen, Litschis und Limettenblätterstreifen dazugeben und weitere 5 Min. kochen lassen. Anschließend süßsauer-scharf abschmecken.

Spezialität aus China / für Gäste

Löwenköpfe Jangtse-Art

Für 2 Personen | 1 Std. Zubereitungszeit
Pro Portion ca. 480 kcal

300 g Schweinehackfleisch | 30 g Bambussprossen (aus der Dose) | 1 kleine Frühlingszwiebel | 1 Stück frischer Ingwer (etwa walnussgroß) | 3 TL Speisestärke | 5 TL mittelbraune chinesische Sojasauce | Salz | 350 g Wurzelspinat | 50 g Glasnudeln | 150 ml Hühnerbrühe | 1 EL Shaoxing-Reiswein | 1 TL Zucker | 4 EL Erdnussöl

1 Fleisch in eine Schüssel geben. Die Bambussprossen abtropfen lassen. Frühlingszwiebel waschen und putzen. Nur den weißen Teil und die Sprossen fein hacken. Beides zum Fleisch geben. Ingwer schälen und dazureiben. Mit 2 TL Stärke, 2 TL Sojasauce und Salz gut vermischen.

2 Salzwasser aufkochen lassen. Spinat waschen, die Wurzeln abschneiden. Die ganzen Pflanzen im kochenden Wasser 10 Sek. blanchieren, herausnehmen, kalt abschrecken und abtropfen lassen. Die Glasnudeln mit heißem Wasser überbrausen und abtropfen lassen, klein schneiden.

3 Die übrige Stärke mit 3 EL Brühe, der übrigen Sojasauce, Reiswein und Zucker glatt verrühren.

4 Aus der Fleischmasse vier Kugeln formen. Den Wok oder die Pfanne, dann das Öl erhitzen. Die Kugeln in 10 Min. braun braten. Herausnehmen, das Öl bis auf einen Rest abgießen.

5 Spinat und Nudeln in den Wok geben, die Kugeln daraufsetzen, die restliche Brühe zugießen. Zugedeckt 20 Min. garen. Fleischkugeln anrichten. Mit Nudeln und Spinat halb bedecken. Brühe aufkochen lassen, Stärke zugeben, nochmals aufkochen lassen und salzen. Sauce über die Kugeln gießen.

kalorienarm / schnell

Chop suey (im Bild)

Für 4 Personen | 30 Min. Zubereitungszeit
Pro Portion ca. 315 kcal

400 g Schweinenacken
Pfeffer
500 g Mungobohnensprossen
200 g Bambussprossen (aus der Dose)
1 große gelbe Paprikaschote
3 Frühlingszwiebeln
5 EL Sojasauce
2 EL Reiswein
1 EL Reis- oder Obstessig
½ TL Speisestärke
2 EL Öl
Salz
½ Bund Koriandergrün

1 Fleisch in dünne Scheiben schneiden und mit Pfeffer einreiben. Die Mungobohnensprossen waschen und gut abtropfen lassen. Bambussprossen abgießen, Paprika waschen und putzen, beides in feine Streifen schneiden. Frühlingszwiebeln waschen, putzen und in dünne Ringe schneiden. Sojasauce, Reiswein, Essig und Stärke verquirlen.

2 Öl im heißen Wok sehr heiß werden lassen. Fleisch portionsweise 2 Min. pfannenrühren, dann herausnehmen. Paprika und Frühlingszwiebeln unter Rühren 2 Min. braten. Bohnen- und Bambussprossen 1 Min. mitbraten.

3 Würzsauce einrühren, aufkochen und 2 Min. köcheln lassen. Fleisch hinzufügen, salzen und pfeffern. Koriander waschen, trocken schütteln, Blätter abzupfen und aufstreuen.

Klassiker / für Gäste

Süßsaures Schweinefleisch

Für 4 Personen | 1 Std. Zubereitungszeit
Pro Portion ca. 375 kcal

400 g Schweinefleisch
(z. B. aus Nuss oder Schulter)
4 EL Sojasauce | 1 Eiweiß
Salz | 3 EL und 1 TL Speisestärke
je 1 grüne und rote Paprikaschote
1 Möhre (etwa 100 g)
1 Dose ungesüßte Ananasstücke
(270 g Abtropfgewicht)
3 EL Essig | 3 EL Tomatenketchup
3 EL brauner Zucker
1 l Öl zum Ausbacken | Pfeffer

1 Das Fleisch 1 cm groß würfeln, mit 2 EL Sojasauce, Eiweiß, 1 TL Salz und 3 EL Stärke gut mischen. 30 Min. kalt stellen.

2 Paprika waschen, putzen und in 2 cm große Würfel schneiden. Möhre schälen und schräg in dünne Scheiben schneiden. Ananas abtropfen lassen, Saft (etwa ⅛ l) auffangen. Mit Essig, Ketchup, Zucker und 1 TL Speisestärke verquirlen.

3 Das Öl im Wok erhitzen (etwa 170°). Fleisch portionsweise im heißen Öl schwimmend in 4–5 Min. goldbraun ausbacken. Auf Küchenpapier abtropfen lassen und warm halten.

4 Das Öl bis auf 1 EL abgießen. Möhren 2 Min. pfannenrühren, Paprika 3 Min. mitbraten. Würzsauce angießen, Ananas zufügen und aufkochen lassen. Salzen und pfeffern. Fleisch darin kurz erhitzen. Dazu passt Patnareis.

preiswert

Würzige Schweinerippchen

Für 4 Personen | 1 Std. 45 Min. Zubereitungszeit | 1 Std. Marinieren
Pro Portion ca. 520 kcal

1,4 kg in kurze Stücke gehackte Schweinerippchen | 3 Knoblauchzehen | 1 Stück frischer Ingwer (etwa walnussgroß) | Salz | Pfeffer | 1 TL Fünf-Gewürz-Pulver | 1 EL Honig | 1 EL Sesamwürzöl | 3 EL helle Sojasauce | 15 g Tongu-Pilze (Shiitake) | 400 g Möhren | 4 EL Erdnussöl

1 Rippchen abbrausen und gut abtrocknen. Knoblauch und Ingwer schälen und sehr fein hacken, mit Gewürzen, Honig, Sesamöl und Sojasauce mischen. Rippchen darin wenden und 1 Std. marinieren. Pilze mit ¼ l kochendem Wasser übergießen, 30 Min. einweichen. Möhren putzen, schälen und in nicht zu feine Stifte schneiden.

2 Die Pilze abgießen, das Wasser auffangen. Stiele entfernen, Hüte vierteln. Öl im heißen Wok erhitzen. Rippchen portionsweise beidseitig in 5 Min. braun anbraten. Alles Fleisch in den Wok geben. Pilzwasser (ohne Bodensatz) und übrige Marinade angießen, aufkochen lassen und das Fleisch zugedeckt in 30–35 Min. weich garen.

3 Pilze und Möhren dazugeben, mit Salz und Pfeffer würzen. Zugedeckt bei schwacher Hitze 20 Min. schmoren.

Spezialität aus Indien

Lammfleisch-Curry mit Spinat (im Bild hinten)

Für 2 Personen | 45 Min. Zubereitungszeit
Pro Portion ca. 245 kcal

300 g TK-Blattspinat
200 g mageres Lammfleisch (Keule oder Lende)
2 Zwiebeln | 1 Knoblauchzehe
1 Stück frischer Ingwer (etwa walnussgroß)
1 EL Butterschmalz
¼ TL Chilipulver
je ½ TL gemahlener Kreuzkümmel, Koriander, Kardamom und Kurkuma
¼ TL Bockshornkleesamen
100 g Sahne-Joghurt

1 Den Spinat in einem Sieb mit heißem Wasser überbrausen und bis zum Garen antauen lassen. Das Fleisch trocken tupfen und klein würfeln. Zwiebeln und Knoblauch schälen, beides in Streifen schneiden. Ingwer schälen und fein hacken.

2 Erst den Wok, dann das Butterschmalz darin erhitzen. Die Zwiebeln erst bei starker, dann bei mittlerer Hitze in 3–4 Min. leicht braun werden lassen. Fleisch, Ingwer und Knoblauch zugeben, unter Rühren 7–10 Min. braten.

3 Die Gewürze unterrühren und 1 Min. anbraten. 150 ml Wasser angießen und alles zugedeckt bei schwacher Hitze 20 Min. garen, dabei ab und zu umrühren. Den Spinat zugeben und 10 Min. zugedeckt garen. Zuletzt die Sauce offen bei starker Hitze in 5 Min. einkochen lassen. Den Joghurt unterrühren und heiß werden lassen.

macht was her / scharf

Rindfleisch mit Cashewkernen (im Bild vorne)

Für 2 Personen | 30 Min. Zubereitungszeit
Pro Portion ca. 625 kcal

175 g zartes Rindfleisch (z. B. Steaks)
1 TL Speisestärke
1 Bund Frühlingszwiebeln (etwa 300 g)
2 kleine Möhren
2 Stangen Staudensellerie
2 rote Thai-Chilischoten
2 Knoblauchzehen
2 EL Tomatenketchup
1 EL dunkle Sojasauce
½ TL Sambal oelek
2 EL Pflanzenöl zum Braten
25 g Cashewkerne
Salz

1 Fleisch trocken tupfen, in Streifen schneiden, mit Stärke vermischen. Gemüse waschen und putzen. Frühlingszwiebeln schräg in Ringe, Möhren in Streifen schneiden. Staudensellerie schräg in Stücke schneiden. Chilis waschen, putzen und in feine Ringe schneiden, dabei die Kerne entfernen. Knoblauch schälen und hacken. Ketchup, Sojasauce und Sambal oelek mit 100 ml Wasser verrühren.

2 Erst den Wok, dann das Öl darin erhitzen. Cashewkerne in 2–3 Sek. goldbraun rösten, herausheben. Fleisch im verbliebenen Öl unter Rühren in 2–3 Min. braun anbraten. Gemüse, Chilis und Knoblauch zugeben und etwa 3 Min. unter Rühren braten. Ketchupmischung zugießen und aufkochen lassen. Salzen und mit Cashewkernen bestreut servieren.

macht was her

Ente mit Ananas

Für 4 Personen | 2 Std. 20 Min. Zubereitungszeit | 2 Std. Marinieren
Pro Portion ca. 1195 kcal

1 küchenfertige Ente (etwa 2,2 kg) | 15 Knoblauchzehen | 3 Stängel Koriandergrün | ½ TL Salz | ½ TL frisch gemahlener schwarzer Pfeffer | 1 EL süße Sojasauce | 3 EL dünnflüssiger Honig | 1 mittelgroße Ananas | je ½ rote und grüne Paprikaschote | 7 EL Öl | 2 EL Fischsauce | 3 EL Austernsauce | 1 EL Zucker

1 Die Ente waschen und innen säubern. 10 Knoblauchzehen schälen, den Koriander waschen, trocken schütteln und beides im Mörser zu einer Paste zerstampfen. Mit Salz, Pfeffer, Sojasauce und dem Honig verrühren und die Ente damit innen und außen einreiben. Etwa 2 Std. zugedeckt an einem kühlen Ort marinieren.

2 Den Backofen auf 190° (Umluft 170°) vorheizen. Die Ente in die Mitte auf einen Gitterrost mit Fettpfanne legen. Nach etwa 10 Min. die Temperatur auf 180° (Umluft 160°) reduzieren und die Ente weitere 80–90 Min. braten. Dabei ab und zu wenden und mit dem ausgetretenen Fett übergießen.

3 Das Fleisch auslösen und in mundgerechte Streifen schneiden. Die Ananas schälen und das Fruchtfleisch in Stücke schneiden. Die Paprikahälften waschen, putzen und in kleine Stücke schneiden. Den restlichen Knoblauch schälen und fein hacken. 5 EL Öl in einer Pfanne oder im Wok erhitzen, den Knoblauch darin goldgelb braten. Die Entenstücke dazugeben und bei starker Hitze etwa 3 Min. braten. Herausnehmen und im Backofen kurz warm halten.

4 In der gleichen Pfanne nochmals 2 EL Öl erhitzen. Paprika- und Ananasstücke, Fisch- und Austernsauce, Zucker und etwas Wasser hinzugeben, kurz dünsten. Auf eine Platte geben und die Entenstücke darauf anrichten.

für Gäste

Rotgeschmorte China-Ente

Für 5–6 Personen | 2 Std. 30 Min. Zubereitungszeit | 3–4 Std. Marinieren
Bei 6 Personen pro Portion ca. 780 kcal

1 küchenfertige Flugente (etwa 2,2 kg)
Salz | Pfeffer
1 EL China-Gewürz
6 Knoblauchzehen
1 Stück frischer Ingwer (etwa aprikosengroß)
3 EL Öl
3 EL brauner Zucker
½ l Hühnerbrühe
150 ml Sojasauce
2 EL Austernsauce

1 Die Ente waschen und abtrocknen. Innen und außen mit Salz, Pfeffer und China-Gewürz einreiben. Knoblauch schälen und halbieren. Ingwer schälen und in Scheiben schneiden. Beides in die Ente füllen und 3–4 Std. ruhen lassen.

2 Öl im heißen Wok erhitzen. Zucker bei mittlerer Hitze unter Rühren in 2–3 Min. bräunen. Ente von beiden Seiten in 8 Min. leicht anbraten. Mit der Brust nach unten in den Wok legen. Brühe, Soja- und Austernsauce einrühren. Langsam aufkochen, dann zugedeckt bei schwacher Hitze 2 Std. schmoren lassen. Zwischendurch die Ente umdrehen, nicht bedeckte Teile mit Sud übergießen.

3 Ente herausheben, in 10–12 Stücke teilen und auf einer vorgewärmten Platte anrichten. Sauce entfetten, durch ein Sieb gießen und zur Ente reichen. Dazu passen weißer Reis, Gurkensalat und ein trockener Weißwein.

gut vorzubereiten

Gebratener Gewürzreis

Für 4 Personen | 45 Min. Zubereitungszeit
Pro Portion ca. 755 kcal

250 g Langkornreis | Salz | 5 getrocknete Tongu- oder Mu-Err-Pilze | 1 Entenbrustfilet (etwa 300 g, ersatzweise Hühner- oder Putenbrustfilet) | 1 rote Paprikaschote | 1 Zwiebel | 2 Knoblauchzehen | 1 Stück frischer Ingwer (etwa walnussgroß) | 5 EL Öl | 400 g kleine Maiskölbchen (aus der Dose) | 200–300 g gegarte geschälte Riesengarnelen | 4 EL Gemüsebrühe | 1 EL Currypulver oder ½ EL Currypaste | 4 EL Sojasauce | 3 Eier | 1 Bund Petersilie

1 Reis in Salzwasser garen, abkühlen lassen. Pilze in heißem Wasser ca. 20 Min. quellen lassen. Entenbrust häuten, Haut und Fleisch getrennt in Streifen schneiden ebenso Pilze ohne Stiele. Paprika waschen, putzen, mit Zwiebel, Knoblauch und Ingwer würfeln.

2 1 EL Öl im Wok erhitzen. Entenhaut darin unter Rühren knusprig braten, warm stellen. Fleisch kräftig anbraten, salzen und ebenfalls herausheben.

3 Weitere 3 EL Öl im Wok heiß werden lassen, leicht salzen. Pilze darin ca. 3 Min. braten. Paprika kurz mitbraten. Zwiebel, Knoblauch, Ingwer, Entenfleisch, abgetropften Mais und Garnelen 2–3 Min. unter Rühren mitbraten. Reis untermischen und gut durchbraten. Brühe mit Curry und Sojasauce dazugeben.

4 Eier mit 1 EL Wasser und Salz verquirlen. Restliches Öl in einer Pfanne erhitzen. Eiermasse hineingeben und stocken lassen. Auf einen Teller gleiten lassen, aufrollen und in Streifen schneiden. Petersilie waschen, die Blättchen hacken. Mit der Entenhaut und den Eierstreifen über dem Reis verteilen.

gut vorzubereiten

Nasi goreng

Für 4 Personen
1 Std. Zubereitungszeit
Pro Portion ca. 460 kcal

200 g Langkorn-Reis (Patna-Reis)
Salz
250 g Schweinefilet
150 g rohe geschälte Garnelen
1 Zwiebel
1 Stange Lauch
200 g Knollensellerie
2 Möhren (etwa 200 g)
3 Eier
Pfeffer
4 EL Öl
3–4 EL Sojasauce

1 Den Reis mit 375 ml Wasser und 1 TL Salz aufkochen, 2–3 Min. kochen, dann zugedeckt bei schwacher Hitze 20 Min. quellen lassen. Topf vom Herd nehmen, Reis 10 Min. ruhen lassen, dann mit einer Gabel auflockern. Offen ausdampfen und erkalten lassen.

2 Das Fleisch trocken tupfen und in feine Streifen schneiden. Garnelen abbrausen und abtropfen lassen. Zwiebel schälen und fein hacken. Lauch putzen, waschen und in dünne Scheiben schneiden. Sellerie und Möhren schälen und klein würfeln.

3 Eier mit Salz und Pfeffer verrühren. 1 EL Öl im heißen Wok erhitzen. Aus der Eiermasse nacheinander bei mittlerer Hitze 2 dünne Omeletts braten. Herausnehmen und abkühlen lassen, dann einrollen und in Scheiben schneiden.

4 Das übrige Öl im Wok erhitzen. Fleisch darin portionsweise in 2–3 Min. unter Wenden braun anbraten, herausnehmen. Zwiebel, Lauch, Möhren und Sellerie im Wok 3 Min. pfannenrühren. Garnelen noch 2–3 Min. mitbraten. Zuletzt den Reis untermischen und bei starker Hitze unter Rühren in 4–5 Min. goldgelb braten. Mit Sojasauce, Salz und Pfeffer abschmecken. Mit den Omelettstreifen anrichten. Dazu Sambal oelek reichen.

UND DAZU? – GEMÜSESALAT

Reichen Sie zum Nasi goreng diesen Salat: Gurken- und Tomatenscheiben auf einer großen Platte überlappend auslegen, mit Reisessig, Erdnussöl und Sojasauce beträufeln.

SERVIER-TIPP

Dazu schmecken auch selbstgemachte oder fertig gekaufte Röstzwiebeln.

gelingt leicht

Pute vietnamesisch

Für 4 Personen | 40 Min. Zubereitungszeit
Pro Portion ca. 460 kcal

6 getrocknete Tongu-Pilze (Shiitake) | 150 g TK-Erbsen | 2 Zwiebeln | 1 rote Paprikaschote | 400 g Mungobohnensprossen | 4 TL Erdnussöl | 200 g Putenstreifen | Salz | Pfeffer

1 Pilze in heißem Wasser 30 Min. einweichen. Inzwischen die Erbsen auftauen lassen. Zwiebeln schälen. Paprika und Bohnensprossen waschen. Paprika putzen und mit den Zwiebeln in Streifen schneiden. Die Stiele der Pilze entfernen, die Pilze dann vierteln.

2 Zuerst den Wok, dann 2 TL Öl darin erhitzen. Das Fleisch darin goldbraun braten und beiseitestellen. Im restlichen Öl die Zwiebeln bei mittlerer Hitze glasig braten. Paprikastreifen, Mungobohnensprossen, Pilze und Erbsen hinzufügen und 5 Min. mitdünsten. Salzen und pfeffern. Das Putenfleisch untermischen.

raffiniert

Gedämpftes Hähnchenfilet

Für 4 Personen | 45 Min. Zubereitungszeit
Pro Portion ca. 445 kcal

4 Frühlingszwiebeln | 3 Knoblauchzehen | 1 Stück frischer Ingwer (etwa walnussgroß) | ½ Bund Petersilie | 2 EL Zitronensaft | 2 TL Sesamwürzöl | 1 EL Öl | Salz | 2 TL gemahlener Koriander | 1 TL gemahlener Kreuzkümmel | 1 TL edelsüßes Paprikapulver | Cayennepfeffer | 4–5 Hähnchenbrustfilets (etwa 700 g) | 4–10 Chinakohlblätter | 300 g kleine, feste Tomaten | 3/8 l Hühnerbrühe | 2 EL Sojasauce

1 3 Frühlingszwiebeln in feine Ringe schneiden. Knoblauch und Ingwer schälen und fein hacken. Petersilie waschen, trocken schütteln und die Blättchen ebenfalls hacken. Zwiebelringe, Knoblauch, Ingwer und Petersilie mit Zitronensaft, Sesamöl und Öl fein pürieren. Salz, Koriander, Kreuzkümmel, Paprika und Cayennepfeffer untermischen. Fleisch auf beiden Seiten mit der Paste bestreichen.

2 Den Chinakohl waschen und von den dicken Mittelrippen befreien. Eine Form damit auslegen, Hühnerfleisch darauf verteilen. Tomaten waschen, vierteln und dazulegen. Salzen.

3 Hühnerbrühe mit Sojasauce im Wok aufkochen lassen. Die Form auf dem Dämpfeinsatz in den Wok stellen. Hühnerfleisch zugedeckt in 20–25 Min. bei mittlerer Hitze gar dämpfen. Restliche Frühlingszwiebel in feine Ringe schneiden und darüberstreuen. Dazu schmeckt Reis.

crossover

Coq au Sherry

Für 4 Personen | 1 Std. 15 Min. Zubereitungszeit | 1 Std. Marinieren
Pro Portion ca. 685 kcal

Hähnchenschenkel (etwa 1,5 kg) | 3 Knoblauchzehen | Salz | Pfeffer | ½ TL China-Gewürz | 1 EL Honig | 5 EL Sojasauce | 2 Stangen Lauch | 300 g Möhren | 1 Zwiebel | 4 EL Öl | 50 g gehäutete Mandeln | ½ l Hühnerbrühe | 200 ml Sherry | 4 gestrichene TL Speisestärke | ½ Bund Petersilie oder Rucola

1 Hähnchenschenkel einmal am Gelenk durchtrennen und häuten. Knoblauch schälen und pressen. Mit 1 TL Salz, Pfeffer, China-Gewürz, Honig und 3 EL Sojasauce mischen. Fleisch damit einreiben und ca. 1 Std. kühl stellen. Lauch putzen, waschen, in ca. 2 cm dicke Scheiben schneiden. Möhren schälen, in ca. 1 cm breite Stücke schneiden. Zwiebel schälen und achteln.

2 Wok erhitzen, Öl darin heiß werden lassen. Mandeln darin in ca. 2 Min. goldbraun rösten, herausheben. Geflügel abtropfen lassen (Marinade aufheben) und im Öl portionsweise bei mittlerer Hitze von beiden Seiten in 5–6 Min. braun braten, herausnehmen. Zwiebel und Möhren im Wok bei starker Hitze unter Rühren ca. 3 Min. braten. Lauch ca. 3 Min. mitbraten. Fleisch wieder dazugeben, Brühe, Marinade und Sherry angießen. Mit 2 EL Sojasauce abschmecken und zugedeckt bei schwacher Hitze 35–40 Min. schmoren.

3 Fleisch herausnehmen. 6 EL Schmorsud mit der Stärke verquirlen, wieder in die Sauce rühren und köcheln lassen, bis sie bindet. Fleisch wieder dazugeben, salzen und pfeffern. Petersilie waschen, trocken schütteln und Blättchen fein hacken. Mit den Mandeln über das Huhn streuen.

scharf/gelingt leicht

Nudeln mit knusprigem Basilikum

Für 4 Personen
25 Min. Zubereitungszeit
Pro Portion ca. 480 kcal

300 g Reisnudeln (2–3 cm breit)
400 g Hühnerbrustfilet (ersatzweise Putenschnitzel)
5 Stängel thailändisches rotes Basilikum
7 frische thailändische Chilischoten
3 Knoblauchzehen
15 EL Öl
2 EL Austernsauce
4 EL helle Sojasauce
2 EL Zucker

1 Die Nudeln in kochendem Wasser etwa 3 Min. kochen, anschließend kalt abspülen und abtropfen lassen.

2 Die Hühnerbrust in kleine Stücke schneiden und diese grob hacken. Die Basilikumblätter waschen und gründlich trocken schütteln. Chilis waschen und den Knoblauch schälen, beides klein hacken.

3 12 EL Öl in einer Pfanne erhitzen, die Basilikumblätter hineingeben und in etwa 3 Min. knusprig ausbraten. Aus der Pfanne nehmen, auf Küchenpapier abtropfen lassen und beiseitestellen. Das restliche Öl erhitzen, gehackte Chilis und Knoblauch etwa 1 Min. anbraten, Hühnerfleisch hinzufügen und etwa 2 Min. braten.

4 Die Nudeln, die Austern- und Sojasauce und den Zucker dazugeben und etwa 2 Min. gut durchbraten. Zum Schluss knusprig gebratene Basilikumblätter unterheben.

herzhaft / für Gäste

Hähnchen-Mangold-Röllchen

Für 2 Personen | 40 Min. Zubereitungszeit
Pro Portion ca. 420 kcal

Salz | 4 Mangoldblätter | 50 g Möhre | 50 g gekochter Schinken | 200 g Hähnchenbrust | 1 Spritzer Sesamwürzöl | ½ TL gehackter frischer Ingwer | Pfeffer | 200 ml Gemüsebrühe | ½ TL gehacktes Koriandergrün | 1 TL Speisestärke | 3 EL Sojasauce

1 Im Wok Salzwasser aufkochen lassen. Mangold waschen, Stiele in dünne kurze Streifen schneiden. Blätter 1 Min., die Stiele 2 Min. blanchieren.

2 Möhre schälen, in kurze dünne Streifen schneiden. Schinken in ½ cm und die Hähnchenbrust in 1 cm große Würfel schneiden. Alles mit Sesamöl, Ingwer, Salz und Pfeffer mischen. Mangoldblätter salzen, mit der Füllung belegen und zu Röllchen formen. In eine hitzebeständige flache Servierschüssel legen.

3 Eine hitzebeständige Tasse umgedreht in den Wok setzen und die Brühe angießen. Die Schüssel auf die Tasse stellen. Die Röllchen zugedeckt 20 Min. dämpfen, dann warm halten. Koriander und Mangoldstreifen in die Brühe geben. Die Speisestärke mit etwas Wasser anrühren und die Brühe damit andicken. Mit Sojasauce abschmecken. Dazu schmeckt Reis.

gut vorzubereiten

Huhn in Kokosmilch

Für 4 Personen | 1 Std. 15 Min. Zubereitungszeit
Pro Portion ca. 375 kcal

1 Brathähnchen (etwa 1,2 kg) | Salz | Pfeffer | 2 Zwiebeln | 3 Knoblauchzehen | 1 Stück frischer Ingwer (etwa walnussgroß) | 1 Zweig Curryblätter (Asienladen) | 2 EL Butterschmalz | 1–2 EL Madras-Currypulver | 1 TL edelsüßes Paprikapulver | 600 ml Kokosmilch (aus der Dose) | 1–2 EL Limettensaft

1 Das Hähnchen in 10 Stücke zerlegen, waschen und trocken tupfen. Mit Salz und Pfeffer kräftig einreiben.

2 Zwiebeln schälen und klein würfeln. Knoblauch und Ingwer schälen und fein hacken. Curryblätter abzupfen.

3 Den Wok erhitzen, das Schmalz heiß werden lassen. Zwiebeln, Knoblauch, Ingwer und Curryblätter bei schwacher Hitze unter Rühren 3 Min. braten. Curry- und Paprikapulver anrösten. Kokosmilch und 1 TL Salz unterrühren, Hähnchenteile einlegen und die Sauce zum Kochen bringen. Bei mittlerer Hitze offen 15 Min. kochen, dann zugedeckt bei schwacher Hitze 30 Min. schmoren lassen. Hin und wieder umrühren. Mit Limettensaft und Salz würzen.

gelingt leicht

Rindfleisch mit Paprika

Für 4 Personen | 40 Min. Zubereitungszeit
Pro Portion ca. 270 kcal

300 g Reisnudeln (2–3 cm breit) | 400 g Rumpsteak (ersatzweise Rindersteak oder -filet) | Salz | Pfeffer | 1 TL Sesamwürzöl | 2 gestrichene TL Speisestärke | 20 g getrocknete Tongu-Pilze (Shiitake) | 600 g rote, grüne und gelbe Paprikaschoten | 3 Frühlingszwiebeln | 1 Stück frischer Ingwer (etwa walnussgroß) | 2 Knoblauchzehen | 4 EL Sojasauce | 2 TL Sardellenpaste (aus der Tube) | 1 TL Zucker | 200 ml Rinderfond (aus dem Glas) | 4 EL Öl | 1–2 EL Schnittlauchröllchen

1 Die Nudeln in kochendem Wasser etwa 3 Min. kochen, anschließend kalt abspülen und abtropfen lassen.

2 Fleisch in dünne Scheiben schneiden, mit Salz, Pfeffer, Sesamöl und 1 TL Speisestärke gut vermischen und ca. 30 Min. zugedeckt ziehen lassen. Pilze mit heißem Wasser übergießen und 30 Min. quellen lassen.

3 Paprikaschoten waschen, vom Kerngehäuse und den weißen Trennwänden befreien und in breite Streifen schneiden. Frühlingszwiebeln waschen, putzen und in feine Ringe schneiden. Ingwer und Knoblauch schälen und sehr fein würfeln.

4 Sojasauce, Sardellenpaste, Zucker, Rinderfond und 1 TL Speisestärke gut verrühren. Pilze entstielen und halbieren. Wok erhitzen, 2 EL Öl hineingeben. Ingwer, Knoblauch und Frühlingszwiebeln darin anbraten, Fleisch 1–2 Min. mitbraten. Herausnehmen.

5 Restliches Öl im Wok erhitzen, Paprika portionsweise unter Rühren 3–6 Min. braten. Pilze hinzufügen. Sauce angießen, einmal aufkochen und 2–3 Min. bei mittlerer Hitze köcheln lassen. Fleisch und Nudeln zugeben und in ca. 3 Min. gut heiß werden lassen. Schnittlauch darüberstreuen.

WÜRZ-VARIANTE
Die Hälfte der Sojasauce durch Austernsauce ersetzen, die Sardellenpaste dann weglassen.

für Gäste

Rindfleisch mit Aubergine

(im Bild vorne)

Für 4 Personen | 35 Min. Zubereitungszeit
Pro Portion ca. 295 kcal

500 g Rinderfilet
3 EL Fischsauce
1 große Aubergine
½ rote Paprikaschote
3 Stängel Zitronengras
5 frische thailändische Chilischoten
5 EL Öl
3 EL Austernsauce
1 EL Zucker
30 thailändische Basilikumblätter

1 Das Rinderfilet in mundgerechte Stücke schneiden und mit 1 EL Fischsauce vermischen.

2 Die Aubergine waschen und in mundgerechte Stücke schneiden. Danach in kaltes Wasser einlegen. Die Paprikaschote in Streifen schneiden. Zitronengras und Chilis waschen, putzen und in feine Ringe schneiden, dann im Mörser zerstampfen (Vorsicht beim Stampfen, damit kein Chili in die Augen spritzt!) Die Auberginenstücke abtropfen lassen.

3 Das Öl in einer Pfanne oder im Wok erhitzen, die Chilipaste darin anbraten. Das Rinderfilet hinzugeben und gut durchmischen. Auberginen, Paprika, restliche Fischsauce, Austernsauce und Zucker dazugeben und etwa 3 Min. bei starker Hitze weiterbraten. Die gewaschenen Basilikumblätter zugeben und noch einmal mit etwas Fischsauce und Zucker abschmecken.

sehr scharf

Rindfleisch mit grünem Pfeffer

(im Bild hinten)

Für 4 Personen | 25 Min. Zubereitungszeit
Pro Portion ca. 285 kcal

500 g Rinderfilet
2 EL helle Sojasauce
½ TL frisch gemahlener schwarzer Pfeffer
1 rote Paprikaschote
150 g frischer grüner Pfeffer
5 EL Öl
2 EL rote Currypaste
3 EL Fischsauce
2 EL Zucker

1 Das Rinderfilet in mundgerechte Stücke schneiden. Mit der Sojasauce und dem Pfeffer vermischt etwa 15 Min. marinieren.

2 Die Paprikaschote waschen, putzen und in Streifen schneiden. Den grünen Pfeffer vorsichtig abspülen, die Pfefferkörner sollen am Stängel bleiben. Die Stängel in etwa 3 cm lange Stücke teilen.

3 Das Öl in einer Pfanne oder im Wok erhitzen. Die rote Currypaste bei mittlerer Hitze anbraten. Das Rindfleisch, den grünen Pfeffer, die Paprikastreifen, die Fischsauce, den Zucker und etwas Wasser dazugeben. Alles zusammen unter Rühren bei mittlerer Hitze etwa 3 Min. garen.

fruchtig/schnell

Karamellisierte Tomaten mit Lamm

(im Bild)

Für 4 Personen
30 Min. Zubereitungszeit
Pro Portion ca. 530 kcal

8 kleine Lammkoteletts
2 Knoblauchzehen
1 getrocknete Chilischote
5 Zweige frischer Rosmarin
4 EL Olivenöl
1 EL Zitronensaft
Salz
Pfeffer
400 g Cocktailtomaten
2 gestrichene EL Puderzucker
½ Bund Petersilie

1 Koteletts mit einem feuchten Tuch abreiben und alle Knochensplitter entfernen. Knoblauch schälen und sehr fein hacken. Chili zerkrümeln. Den Rosmarin waschen, trocken schütteln, die Nadeln abzupfen und fein hacken.

2 Knoblauch, Chili und Rosmarin mit 2 EL Öl und dem Zitronensaft mischen. Koteletts salzen und pfeffern und mit der Mischung einreiben. Die Tomaten waschen, halbieren. Den Backofen auf 100° (Umluft 80°) vorheizen.

3 Eine Bratpfanne erhitzen. Die Koteletts darin pro Seite 2–4 Min. braten und im Backofen warm halten.

4 Die Pfanne auswischen und das restliche Öl darin erhitzen. Die Tomaten mit der Schnittfläche nach unten hineinsetzen und bei starker Hitze 3 Min. braten. Mit dem Zucker bestäuben und unter Rühren noch weitere 1–2 Min. braten, dann salzen und pfeffern. Petersilie waschen, trocken schütteln, fein hacken und zu den Tomaten geben. Die karamellisierten Tomaten mit den Lammkoteletts anrichten und servieren.

griechisch

Lamm-Gyros

Für 4 Personen
30 Min. Zubereitungszeit
Pro Portion ca. 485 kcal

600 g Lammkeule
2 Knoblauchzehen
3 EL Olivenöl
Salz | Pfeffer
1 TL Thymian
½ TL rosenscharfes Paprikapulver
400 g Schafmilch-Joghurt
1 EL Zitronensaft
1 Bund Petersilie
200 g Tomaten
2 Schalotten

1 Das Fleisch in dünne Scheiben schneiden. Den Knoblauch schälen und durch die Presse drücken. 2 EL Öl, Salz, Pfeffer, Thymian, Paprikapulver und Knoblauch miteinander verrühren. Das Fleisch in der Marinade wenden.

2 Den Joghurt, das restliche Öl und den Zitronensaft miteinander verrühren. Die Petersilie waschen, trocken schütteln und die Blättchen abzupfen. Die Tomaten waschen, vierteln oder achteln. Die Schalotten schälen und in Ringe schneiden.

3 Das Fleisch in einer sehr heißen Pfanne 5 Min. bräunen. Mit Joghurt, Tomaten, Schalotten und Petersilie anrichten und servieren.

SERVIER-TIPP

Dazu passen Fladenbrot, griechischer Bauernsalat und ein trockener Rotwein.

schnell

Kalbfleisch in Bärlauchsahne

Für 4 Personen
25 Min. Zubereitungszeit
Pro Portion ca. 325 kcal

700 g Kalbslende
1 Zwiebel
1 EL Öl
1 EL Butter
⅛ l Kalbsfond (aus dem Glas)
60 g Bärlauch
125 g Sahne
1 TL Zitronensaft
Salz
frisch gemahlener Pfeffer

1 Das Fleisch trocken tupfen und in feine Streifen schneiden. Die Zwiebel schälen und klein hacken. Öl und Butter in einer Pfanne erhitzen, Fleisch darin in zwei Portionen kräftig anbraten, herausnehmen.

2 Die Zwiebel im Bratfett glasig braten, mit dem Fond aufgießen und leicht einkochen lassen.

3 Den Bärlauch waschen, trocken schütteln und fein hacken. Mit Sahne und Fleisch in die Pfanne geben, kurz aufkochen. Mit Zitronensaft, Salz und Pfeffer würzen. Dazu passen Nudeln oder Spätzle und grüner Salat.

TAUSCH-TIPP

Sie können den Kalbsfond durch die selbe Menge Weißwein ersetzen. Den selben Wein sollten Sie idealerweise später auch zum Essen reichen.

für Gäste/gut vorzubereiten

Kräuterröllchen

Für 4 Personen
40 Min. Zubereitungszeit
Pro Portion ca. 135 kcal

3 Kalbsschnitzel (à 125 g)
Pfeffer
Salz
je ½ Bund Petersilie und Basilikum
3 EL Senf
2 Knoblauchzehen
½ Bio-Zitrone
1 EL frisch geriebener Parmesan
1 EL Öl
Holzspieße

1 Fleisch dünn klopfen, pfeffern und salzen. Kräuter waschen, trocken schütteln und fein hacken. Senf und Kräuter in eine Schüssel geben. Knoblauch schälen und dazupressen, mit den Kräutern und dem Senf gut vermengen. Zitronenhälfte waschen, Schale abreiben und mit dem Parmesan unter die Senf-Kräuterpaste mischen.

2 Masse auf die Schnitzel streichen, eng aufrollen. Rollen mit einem scharfen Messer in ca. 2 cm breite Scheiben schneiden. Scheibchen auf Spieße stecken und am besten etwas durchziehen lassen.

3 Die Spieße in der Pfanne in etwas Öl insgesamt 8–12 Min. unter mehrmaligem Wenden grillen oder braten.

SERVIER-TIPP
Dazu schmecken Folienkartoffeln und Salat.

TIPP
Die Rollen kurz anfrieren lassen. Dann lassen sie sich besser schneiden. Auf jeden Fall ein großes, sehr scharfes Messer verwenden.

gelingt leicht

Tomaten-Reisnudeln

Für 4 Personen | 35 Min. Zubereitungszeit
Pro Portion ca. 680 kcal

300 g Hähnchenbrustfilet
500 g Zucchini
1 Zwiebel
2 Knoblauchzehen
4 EL Olivenöl
Salz
Pfeffer
400 g Reisnudeln
$^{3}/_{8}$ l Tomatensaft
$^{3}/_{8}$ l Gemüsebrühe
½ TL rosenscharfes Paprikapulver
200 g Schafkäse (Feta)

1 Hähnchenfilet in kleine Würfel schneiden. Zucchini waschen, putzen und ebenfalls klein würfeln. Zwiebel schälen und fein hacken. Knoblauch schälen.

2 In einer großen Pfanne 2 EL Olivenöl erhitzen. Fleisch darin 3 Min. anbraten, herausnehmen, salzen und pfeffern. Danach Reisnudeln im heißen Bratfett bei mittlerer Hitze 3 Min. anbraten, Zwiebeln und Zucchini mit übrigem Öl dazugeben und unter gelegentlichem Umrühren 3–4 Min. mitbraten, bis die Zwiebeln goldgelb sind. Knoblauch dazupressen.

3 Tomatensaft und Brühe angießen und unterrühren. Mit Salz, Pfeffer und Paprikapulver würzen. Die Nudeln zugedeckt bei schwacher Hitze 10–15 Min. quellen lassen.

4 Fleisch untermischen, noch 3 Min. ziehen lassen. Feta in Stücke bröckeln und auf die Reisnudeln streuen.

macht was her

Hähnchentaschen

Für 4 Personen | 45 Min. Zubereitungszeit
Pro Portion ca. 380 kcal

4 Hähnchenbrustfilets
Salz | Pfeffer
1 Dose Artischockenherzen (240 g Abtropfgewicht)
1 EL Zitronensaft
2 TL Pesto (Fertigprodukt)
1 Handvoll Rucola
1 Zwiebel | 2 EL Butterschmalz
500 g passierte Tomaten (aus dem Tetrapack)
$^{1}/_{8}$ l Hühnerbrühe
2 EL Wermut (nach Belieben)
4 Zahnstocher

1 In jedes Hähnchenfilet eine tiefe Tasche schneiden, Fleisch innen und außen salzen und pfeffern. Artischocken längs in dünne Scheiben schneiden. Mit Zitronensaft und Pesto vermischen. Rucola waschen und verlesen. Zwiebel schälen und fein hacken.

2 Die Hälfte der Artischocken und Rucolablätter in die Hähnchenfilets füllen. Die Filets mit den Zahnstochern zustecken.

3 Butterschmalz in einer Pfanne erhitzen, Fleisch auf jeder Seite 4–5 Min. braten. Herausnehmen und warm stellen. Zwiebel glasig dünsten. Die Tomaten zusammen mit der Brühe einrühren, bei mittlerer Hitze 10 Min. köcheln lassen.

4 Fleisch, nach Belieben Wermut und die restlichen Artischocken in die Tomatensauce geben und 2–3 Min. bei schwacher Hitze dünsten. Übrigen Rucola hacken und darüberstreuen. Schmale Bandnudeln passen gut dazu.

exotisch / raffiniert

Bananen-Orangen-Spieße

Für 4 Personen
35 Min. Zubereitungszeit
Pro Portion ca. 400 kcal

2 dicke Putenschnitzel (à 150 g)
Salz
Pfeffer
2 feste Bananen
2 EL Zitronensaft
12 Scheiben Schinkenspeck
1 Orange
1 EL Öl
Holzspieße

1 Das Fleisch in gleichmäßig große Würfel schneiden. Leicht salzen und pfeffern. Bananen schälen und in 12 ca. 2 cm dicke Scheiben schneiden, mit Zitronensaft beträufeln. Jedes Bananenstück mit 1 Scheibe Speck umwickeln. Orange mit einem scharfen Messer wie einen Apfel bis ins Fruchtfleisch schälen, Orange quer in ca. 1,5 cm dicke Scheiben schneiden und diese halbieren.

2 Fleisch, Schinkenbananen und Orangenstücke abwechselnd auf Spieße stecken und in der Pfanne im Öl insgesamt 8–12 Min. unter mehrmaligem Wenden grillen oder braten.

UND DAZU?

Dazu passen Baguette und scharfe Pflaumensauce. Dafür 50 g Pflaumenmus mit 50 g klein gewürfelter Mango, 1 EL Sojasauce, 1 Msp. gemahlenem Ingwer, 1 EL Honig, 1 TL Aceto balsamico und 1–2 Tropfen Tabasco verrühren. Mit Salz abschmecken.

fruchtig/exotisch

Karibische Schmorpfanne

Für 4 Personen
20 Min. Zubereitungszeit
Pro Portion ca. 360 kcal

3 EL Öl
400 g Schweineschnitzel
Salz
weißer Pfeffer
400 g Süßkartoffeln (Bataten)
2 grüne Chilischoten
2 Knoblauchzehen
2 TL brauner Zucker
1 große Dose Tomaten (800 g Inhalt)
1 Bund glatte Petersilie
1 Dose Ananasstücke (200 g Inhalt)

1 Das Öl in einer großen Pfanne erhitzen. Fleisch in Streifen schneiden, im Öl kräftig anbraten. Mit Salz und Pfeffer würzen, herausnehmen. Süßkartoffeln schälen und in ca. 1 cm große Würfel schneiden.

2 Kartoffeln im Bratöl braten. Chilis einritzen, entkernen, in Ringe schneiden, dazugeben. Knoblauch schälen und dazupressen. Alles mit Salz, Pfeffer und Zucker würzen. Mit ⅛ l Wasser ablöschen. Zugedeckt ca. 7 Min. schmoren.

3 Die Tomaten in der Dose klein schneiden und mit dem Saft dazugeben. 4 Min. offen schmoren. Petersilie waschen, trocken schütteln, die Blättchen abzupfen und fein hacken. Die Ananas abtropfen lassen und den Saft dabei auffangen.

4 Ananas und Fleisch in der Pfanne erwärmen. Mit Salz, Pfeffer und 3 EL Ananas-Saft würzen. Mit Petersilie bestreut servieren.

orientalisch

Hackfleischpfanne

Für 4 Personen | 30 Min. Zubereitungszeit
Pro Portion ca. 580 kcal

1 Dose Kichererbsen (240 g Abtropfgewicht) | 2 Kohlrabi | 1 rote Zwiebel | 3 EL Olivenöl | 500 g Hackfleisch | 1 EL Korinthen | 1 EL Pinienkerne | ⅛ l Fleischbrühe | 1 TL gemahlener Kreuzkümmel | Salz | Pfeffer | 5 Stängel Minze

1 Die Kichererbsen in ein Sieb schütten, abbrausen und gut abtropfen lassen. Kohlrabi putzen, schälen und klein würfeln. Zwiebel schälen und fein hacken.

2 In einer Pfanne das Öl erhitzen. Hackfleisch zufügen und unter Rühren in 5 Min. krümelig und braun braten. Zwiebeln und Kohlrabi dazugeben und bei mittlerer Hitze weitere 5 Min. braten.

3 Kichererbsen, Korinthen und Pinienkerne untermischen und die Brühe angießen. Mit Kreuzkümmel, Salz und Pfeffer würzen. Unter gelegentlichem Rühren 5–7 Min. garen. Minze waschen, trocken schütteln, die Blättchen abzupfen, hacken und darüberstreuen.

UND DAZU?
Dazu passen Fladenbrot und Naturjoghurt.

macht was her

Pancake-Burger

Für 4 Personen | 1 Std. Zubereitungszeit
Pro Portion ca. 910 kcal

1 Päckchen Backpulver | 250 g Mehl | ½ l Milch | Salz | 4 Eier (Größe M) | 10 EL Öl | 2 Zwiebeln | 400 g Rinderhackfleisch | Pfeffer | 1 TL Senf | 2 Tomaten | 4 süßsaure Gurkensticks | 8 Salatblätter | 4 Scheiben Butterkäse | Ketchup, Mayonnaise und Senf (nach Belieben)

1 Backpulver, Mehl, Milch und 1 Prise Salz verrühren. Die Eier und 6 EL Öl unterschlagen.

2 Die Zwiebeln schälen und fein würfeln. Die Hälfte davon mit dem Hackfleisch, Salz, Pfeffer und Senf verkneten. Kühl stellen.

3 Die Tomaten waschen, in dünne Scheiben schneiden. Gurken längs in dünne Spalten teilen. Abdecken und beiseitestellen.

4 Den Backofen auf 80° (Umluft 60°) vorheizen. Aus dem Teig in einer kleinen Pfanne nach und nach in 2 EL Öl dicke Pancakes backen, warm halten. Hackfleisch zu 4 dünnen Fleischküchlein formen und im übrigen Öl bei mittlerer Hitze auf jeder Seite 3 Min. braten.

5 Auf die Hälfte der Pancakes Salatblätter, Zwiebeln, Tomaten, Fleischküchlein, Käse, Ketchup, Mayonnaise und Senf geben, mit den restlichen Pancakes belegen.

exotisch / würzig

Orient-Wraps

Für 4 Personen | 20 Min. Zubereitungszeit
Pro Portion ca. 305 kcal

1 EL Olivenöl | 1 Zwiebel | 1 Knoblauchzehe | 200 g Lammhackfleisch | 1 Packung passierte Tomaten (200 g) | Salz | weißer Pfeffer | 1 TL gemahlener Kreuzkümmel | 1/4 TL Zimtpulver | 1/4 Römersalat | 4 Weizen-Tortillas (Fertigprodukt) | 4 TL Tahin (Sesampaste)

1 Das Olivenöl in einer beschichteten Pfanne erhitzen. Zwiebel schälen und würfeln. Knoblauch schälen. Zwiebel im Öl andünsten, Knoblauch dazupressen. Lammhack zufügen und krümelig anbraten. Mit den Tomaten ablöschen und aufkochen lassen. Mit Salz, Pfeffer, Kreuzkümmel und Zimtpulver würzen und ca. 5 Min. köcheln lassen.

2 Inzwischen den Römersalat putzen, waschen und in Streifen schneiden. Tortillas einzeln in einer trockenen beschichteten Pfanne auf jeder Seite kurz braten und mit je 1 TL Tahin bestreichen. Hack und Salat darauf verteilen und einwickeln.

TAUSCH-TIPP
Manchem schmeckt Lammhack zu intensiv. Sie können es gut durch Rinderhack ersetzen.

Fisch & Meeresfrüchte

Ob cremig-würzig als Grünes Fischcurry, knusprig als frittierte Garnelen im Nudelnest, zitronig-frisch als Muscheln mit Zitronengras oder deftig als Fisch-Cordon bleu – die Früchte des Meeres schwimmen am liebsten in Wok und Pfanne.

Spezialität aus Thailand

Fischtaler mit Gurkenrelish

Für 2 Personen | 30 Min. Zubereitungszeit
Pro Portion ca. 490 kcal

2 EL Zucker
50 ml heller Reisessig
½ Salatgurke
2 EL gesalzene Erdnusskerne
2 grüne thailändische Chilischoten
150 g Fischfilet (z. B. Seelachs, Rotbarsch)
75 g gegarte geschälte Garnelen
25 g Kokosraspeln
1 EL rote Thai-Currypaste
½ TL brauner Zucker
Salz
schwarzer Pfeffer
5 EL Öl
Salatblätter zum Anrichten

1 Zucker mit Essig aufkochen und abkühlen lassen. Gurke streifig schälen, längs vierteln, die Viertel in Scheiben schneiden. Mit dem Essigsirup vermischen, kalt stellen. Erdnüsse grob hacken.

2 Die Chilis waschen, putzen und fein hacken. Den Fisch trocken tupfen und würfeln. Mit Garnelen und Chilis pürieren. Mit Kokosraspeln, Currypaste und Zucker vermischen, salzen und pfeffern. Daraus kleine Taler formen.

3 Erst den Wok, dann das Öl darin erhitzen. Fischtaler bei mittlerer Hitze in 3–4 Min. auf beiden Seiten goldbraun braten. Auf Küchenpapier abtropfen lassen. Salatblätter waschen, trocken schleudern und auf zwei Teller verteilen. Die warmen Fischtaler darauf anrichten. Das Gurkenrelish mit Erdnüssen bestreuen und dazu servieren.

macht was her

Pfannkuchen-Spieße (im Bild)

Für 16 Stück | 30 Min. Zubereitungszeit
Pro Stück ca. 195 kcal

200 g Mehl
400 ml Milch
4 Eier (Größe M)
Salz
1 Bund Dill
2 EL rosa Pfefferkörner
100 g Dijon-Senf mit Honig
16 große Scheiben Graved Lachs
Fett zum Backen
16 Holzspieße

1 Mehl und Milch verrühren, Eier und 1 Prise Salz unterschlagen. Dill waschen, trocken schütteln und fein hacken. Pfeffer im Mörser fein zerstoßen. Senf mit wenig Wasser verdünnen.

2 Aus dem Teig nach und nach im Fett 8 Pfannkuchen backen. Mit Senf bestreichen. Jeden Pfannkuchen mit 2 Scheiben Lachs belegen und mit Dill und Pfeffer bestreuen. Straff aufrollen und jeden Pfannkuchen in 8 Stücke schneiden. Auf jeden Spieß 4 Röllchen stecken und als Snack für 4 oder Hauptgericht für 2 Personen servieren.

RESTE-TIPPS
Sollten Sie einmal Pfannkuchen übrig haben, machen Sie doch einfach ein leckeres Resteessen daraus. Zusammengerollte und dann in Streifen geschnittene Pfannkuchen lassen sich gut einfrieren und als schnelle Suppeneinlage bevorraten. In kleine Stücke zerrupfte Pfannkuchen sind eine tolle Einlage für eine schnelle Wok-Gemüsepfanne.

fruchtig

Fischsuppe mit Mango

Für 2 Personen
25 Min. Zubereitungszeit
Pro Portion ca. 290 kcal

2 Frühlingszwiebeln
1 Mango
250 g Fischfilet
½ Bund Thai-Basilikum (ersatzweise Basilikum)
1 EL Öl
300 ml Gemüsebrühe
150 ml Kokosmilch (aus der Dose)
1 EL Fischsauce
1–2 TL gelbe Currypaste
Meersalz

1 Die Frühlingszwiebeln putzen, waschen, die hellen Teile in feine Streifen, das Grün in Ringe schneiden. Das Grün beiseitestellen.

2 Die Mango schälen, das Fruchtfleisch vom Kern schneiden und würfeln. Den Fisch in etwa 2 cm große Würfel schneiden. Basilikum waschen, trocken schütteln und die Blättchen abzupfen.

3 Das Öl im Wok erhitzen. Frühlingszwiebeln zugeben, 1 Min. braten. Die Mango zufügen und 1 Min. mitbraten. Brühe, Kokosmilch, Fischsauce, Currypaste und das Basilikum zufügen. Salzen und aufkochen lassen. Den Fisch zugeben und zugedeckt etwa 5 Min. köcheln lassen. Mit dem Grün der Frühlingszwiebeln bestreut servieren.

für Gäste/gut vorzubereiten

Fisch-Wrap

Für 4 Personen
1 Std. 15 Min. Zubereitungszeit
30 Min. Ruhen
Pro Portion ca. 345 kcal

100 g Vollkornmehl
100 g Mehl
1 TL Salz
1 Zucchino (etwa 200 g)
1 großes Bund Rucola
8 Blätter Friséesalat
4 Kabeljaufilets (à etwa 100 g)
Salz
Pfeffer
4 TL Erdnussöl
120 ml süßsaure Chilisauce (Fertigprodukt)
1 EL gehackte Petersilie
Mehl für die Arbeitsfläche

1 Mehle und Salz vermischen. 150 ml lauwarmes Wasser löffelweise unterkneten, bis ein geschmeidiger Teig entstanden ist. Zugedeckt bei Zimmertemperatur 30 Min. ruhen lassen.

2 Zucchino und die Salate waschen und putzen. Den Zucchino fein raspeln, Rucola und Friséesalat in kleinere Stücke zupfen.

3 Den Fladenteig kurz auf der Arbeitsfläche durchkneten, 8 Bällchen daraus formen. Auf der bemehlten Arbeitsfläche 8 dünne Fladen mit 18 cm ∅ ausrollen. Auf ein bemehltes Küchentuch legen.

4 Den Backofen auf 50° vorheizen. Den Wok erhitzen. Die Fladen bei mittlerer Hitze nacheinander in 1½ Min. je Seite trocken im Wok backen, dabei die Fladen hin und her bewegen. In ein sauberes Küchentuch einschlagen, im Backofen warm halten.

5 Die Fischfilets salzen, pfeffern und würfeln. Den Wok erneut erhitzen. Das Öl darin erhitzen. Den Fisch portionsweise unter Wenden je Seite in 4 Min. goldbraun braten und warm stellen.

6 Fladen mit Zucchino, Fisch, süßsaurer Sauce, gehackter Petersilie und Salat belegen, die Fladen zusammenrollen und servieren.

schnell

Fisch in Zitronensauce

Für 2 Personen
20 Min. Zubereitungszeit
Pro Portion ca. 220 kcal

250 g helles festes Fischfilet (z. B. Seelachs)
3 EL Zitronensaft
3 EL Sake
Salz
1 EL Öl
4 EL Gemüsebrühe
½ TL Speisestärke
1 EL Zitronenmarmelade

1 Den Fisch in mundgerechte Stücke schneiden. Mit Zitronensaft, Sake und etwas Salz vermischen und 5 Min. marinieren.

2 Den Fisch herausheben und trocken tupfen. Erst den Wok, dann das Öl darin erhitzen. Fisch zugeben und bei mittlerer Hitze 2–3 Min. braten, dann herausheben.

3 Die Marinade mit Brühe und Stärke verrühren, dazugeben und aufkochen lassen. Die Marmelade einrühren und schmelzen lassen. Die Sauce salzen und heiß zum Fisch servieren.

SERVIER-TIPP

Die gleiche Menge reicht auch für 4 Personen als Vorspeise, dann einfach etwas Weißbrot oder einen fruchtigen Salat zum Fisch servieren.

asiatisch inspiriert

Muscheln mit Zitronengras (im Bild)

Für 4 Personen | 30 Min. Zubereitungszeit
Pro Portion ca. 280 kcal

2 kg Miesmuscheln | 4 Schalotten | 2 Stängel Zitronengras | 2 getrocknete Chilischoten | 2 EL Fischsauce | Salz | Pfeffer | 4 Kaffirlimettenblätter

1 Die Muscheln gut waschen und säubern. Geöffnete wegwerfen. Die Schalotten schälen und in feine Ringe schneiden. Vom Zitronengras die äußeren Hüllblätter entfernen und nur die unteren 10 cm fein schneiden.

2 Im Wok ½ l Wasser mit Schalotten, Zitronengras, Chilis und Fischsauce 5 Min. köcheln lassen. Die Muscheln zufügen und zugedeckt 5 Min. bei starker Hitze garen. Salzen und pfeffern. Kaffirlimettenblätter in Stücke zupfen, dazugeben. Auf dem ausgeschalteten Herd noch 5 Min. ziehen lassen. Geschlossene Muscheln entfernen. Die Muscheln am besten auf 4 Teller oder Schüsseln verteilt servieren.

UND DAZU?
Dazu passen Weißbrot und ein trockener Weißwein.

macht was her

Garnelen im Nudelnest

(im Bild hinten)

Für 4 Personen | 1 Std. Zubereitungszeit | 30 Min. Marinieren
Pro Portion ca. 200 kcal

12 rohe ungeschälte Riesengarnelenschwänze (ca. 150 g) | 2 EL Reiswein | Salz | Pfeffer | 1 TL Sesamwürzöl | 60 g Glasnudeln | 4 Stängel Koriandergrün | 2 EL Mehl | 1 Ei | 1 l Öl zum Frittieren

1 Die Garnelen aus ihrer Schale lösen, am Rücken aufschlitzen und den Darm entfernen. Mit Reiswein, ½ TL Salz, Pfeffer und Sesamwürzöl mischen und mindestens 30 Min. marinieren.

2 Glasnudeln mit kochendem Wasser übergießen und ca. 5 Min. nach Packungsangabe einweichen, dann abgießen und gut abtropfen lassen. Etwas zerteilen und zu 12 Nestern auslegen.

3 Koriander abzupfen und fein hacken, unter das Mehl mischen. Ei verquirlen, Garnelen darin, dann im Mehl wenden. In die Glasnudeln einpacken.

4 Das Öl im Wok erhitzen (etwa 180°). Je 2 Päckchen im Fett schwimmend in etwa 2 Min. goldbraun ausbacken. Auf Küchenpapier abtropfen lassen. Sofort servieren.

UND DAZU? – SCHARFER INGWER-DIP

Hierfür 3 EL Sojasauce, 4 EL Reisessig, ¼ TL Salz, je ½ TL Zucker und Sambal oelek mit 1 TL geriebenem Ingwer mischen.

preiswert

Fischstäbchen mit Chinakohl

(im Bild vorne)

Für 4 Personen | 35 Min. Zubereitungszeit
Pro Portion ca. 355 kcal

600 g Fischfilet (z. B. Seelachs oder Rotbarsch)
Salz
Pfeffer
800 g Chinakohl
2 Knoblauchzehen
1 Stück frischer Ingwer (etwa walnussgroß)
2 Eiweiß
1 EL Mehl
2 EL Speisestärke
½ TL Fünf-Gewürz-Pulver
2 EL helle Sojasauce
1 l Öl zum Frittieren

1 Den Fisch in fingerdicke Streifen schneiden, salzen und pfeffern. Chinakohl waschen und putzen, grobe Stiele in kleine Würfel, Blätter in Streifen schneiden. Knoblauch und Ingwer schälen und fein hacken.

2 Eiweiße, Mehl, Stärke und Fünf-Gewürz-Pulver verrühren. Das Öl im Wok erhitzen (etwa 170°). Die Fischstücke portionsweise durch den Teig ziehen und im heißen Öl schwimmend 2–3 Min. ausbacken. Abtropfen lassen, warm stellen.

3 Alles Öl bis auf 1 EL aus dem Wok abgießen. Erst die Chinakohlstiele 1 Min., dann die Blätter 3 Min. pfannenrühren, Ingwer und Knoblauch hinzufügen. Mit Salz, Pfeffer und Sojasauce würzen. Gemüse mit den Fischstäbchen anrichten.

Spezialität aus China

Omelett-päckchen

Für 2 Personen | 20 Min. Zubereitungszeit
Pro Portion ca. 280 kcal

125 g gegarte geschälte Garnelen
2 Frühlingszwiebeln
3 Eier
Salz
schwarzer Pfeffer
3 EL Öl
1 EL helle Sojasauce
1 EL Shaoxing-Reiswein

1 Garnelen kalt überbrausen, abtropfen lassen und trocken tupfen. Frühlingszwiebeln waschen und putzen. Die weißen Teile sehr schräg in Stücke und das Grün schräg in feine Ringe schneiden. Die Eier mit etwas Salz und Pfeffer verquirlen.

2 Erst den Wok, dann 1 EL Öl darin stark erhitzen. Die hellen Frühlingszwiebelstücke mit den Garnelen unter Rühren 1–2 Min. braten. In einer Schüssel mit Sojasauce würzen.

3 Den Wok säubern und erhitzen. Etwas Öl darin schwenken und ein Viertel von der Eiermasse in den Wok gießen, den Wok rasch drehen. Sobald das Omelett fast gestockt ist, ein Viertel der Garnelen mit Frühlingszwiebeln in die Mitte geben, die Seiten des Omeletts darüberklappen. Wenden und etwa 30 Sek. braten, bis das Päckchen zusammenhält. Auf eine vorgewärmte Platte legen und aus der restlichen Eiermasse drei weitere Päckchen braten. Mit Reiswein beträufeln und mit Frühlingszwiebelgrün bestreuen.

schnell

Garnelen mit Chili-Rucola

Für 4 Personen | 25 Min. Zubereitungszeit
Pro Portion ca. 200 kcal

50 g Rucola
1 rote Chilischote
2 Knoblauchzehen
500 g geschälte Garnelen (roh oder gegart)
4 EL Olivenöl
1 EL Zitronensaft
Salz

1 Rucola waschen, trocken schleudern und fein hacken. Die Chilischote waschen, putzen, nach Belieben entkernen und in feine Ringe schneiden. Den Knoblauch schälen und fein hacken.

2 Die Garnelen waschen und trocken tupfen, eventuell am Rücken aufschlitzen und den dunklen Darm entfernen.

3 Öl in einer Pfanne erhitzen. Garnelen mit Chili darin kurz braten. Rucola und Knoblauch dazugeben und 2 Min. braten. Mit Zitronensaft und Salz würzen.

TIPP

Besonders gut schmecken frisch gebratene Garnelen auch gemischt mit diesem so vielseitig verwendbaren Rucola-Pesto: 100 g Rucola waschen, verlesen, trocken schleudern und fein hacken. Mit 50 g Pinienkernen, 1 grob zerkleinerten Knoblauchzehe im Mixer pürieren und nach und nach 8 El Olivenöl dazugeben. Nach Geschmack mit 2 EL frisch geriebenem Parmesan verrühren und mit Salz und Pfeffer würzig abschmecken.

Spezialität aus China

Gedämpfte Wan-Tan mit Garnelen

Für 4 Personen | 1 Std. Zubereitungszeit
Pro Portion ca. 310 kcal

40 TK-Wan-Tan-Platten | 10 g getrocknete Tongu-Pilze (Shiitake) | 2 Frühlingszwiebeln | 150 g Mais (aus der Dose) | 2 EL helle Sojasauce | 1 EL Reiswein | 1 TL Speisestärke | Salz | Pfeffer | 250 g rohe geschälte Riesengarnelen | 1 Eiweiß zum Bestreichen | Öl zum Einfetten

1 Die Wan-Tan-Blätter zugedeckt auftauen lassen. Pilze überbrühen und etwa 20 Min. einweichen.

2 Frühlingszwiebeln putzen und in feine Ringe schneiden. Pilze abtropfen lassen und klein schneiden. Mit Zwiebeln und Mais grob pürieren. Mit Sojasauce, Reiswein, Speisestärke, Salz und Pfeffer vermengen. Die Garnelen halbieren.

3 Je 6–8 Wan-Tan-Platten auslegen. Je 1 gehäuften TL Füllung und 2 Garnelenhälften in die Mitte setzen, Ränder mit Eiweiß bestreichen und über der Füllung zusammendrücken.

4 In einem Wok ½ l Salzwasser aufkochen lassen. Siebeinsatz oder Dämpfkörbchen fetten, Teigtäschchen daraufsetzen. Zugedeckt bei mittlerer Hitze 10–15 Min. dämpfen. Dazu passt süßsaure Chilisauce.

TIPP

Wan-Tan-Blätter können Sie auch selbst zubereiten. Dafür 250 g Mehl auf die Arbeitsfläche häufen und in die Mitte eine Mulde drücken. 2 Eier und 1 TL Salz hineingeben. Alles mit 1–2 TL Wasser zu einem glatten Nudelteig verkneten. In Frischhaltefolie gewickelt 30 Min. ruhen lassen. Den Teig mit der Nudelmaschine oder auf leicht bemehlter Arbeitsfläche hauchdünn ausrollen. Quadrate (10 × 10 cm) ausschneiden. Mit Mehl bestäuben, stapeln und mit einem nassem Tuch abdecken.

macht was her/scharf

Garnelen mit Ananas in roter Thai-Currysauce

Für 2 Personen | 45 Min. Zubereitungszeit
Pro Portion ca. 210 kcal

6 rohe ungeschälte Riesengarnelen (à 40–50 g) | 4 ungesüßte Ananasscheiben (aus der Dose; etwa 125 g) | 2 Kaffirlimettenblätter | 3 Krachai-Wurzeln (s. Tipp, ersatzweise 1 Stück frischer Ingwer) | 5 Zweige Thai-Basilikum | 1 kleine Dose Kokosmilch (160 ml Inhalt) | 2 EL rote Thai-Currypaste | 1 EL Fischsauce | 1 TL Worcestersauce | 1 TL brauner Zucker

1 Garnelen kalt abbrausen und abtropfen lassen. Garnelen so schälen, dass Kopfteil und Schwanzflossen dranbleiben. Am Rücken einschneiden, den Darm entfernen. Kurz kalt abspülen und trocken tupfen.

2 Ananasscheiben in Stücke schneiden. Kaffirlimettenblätter waschen und ohne Mittelrippe in feine Streifen schneiden. Die Krachai-Wurzeln schälen, schräg in feine Scheibchen schneiden. Basilikum waschen und trocken schütteln, die Blätter abzupfen, die Spitzen ganz lassen.

3 Von der Oberfläche der Kokosmilch 3 EL der dicken Masse abschöpfen und im Wok erhitzen, bis sich ein Ölfilm bildet. Currypaste zugeben, unter Rühren schmoren, bis sie duftet. Ananasstücke und restliche Kokosmilch zugeben. Garnelen in die Sauce legen und bei schwacher Hitze 5–7 Min. ziehen lassen, bis sie rot gefärbt sind. Limetten- und Krachaistreifen mit Thai-Basilikum zugeben. Mit Fischsauce, Worcestersauce und Zucker abschmecken. Mit Basmati-Reis servieren.

KÜCHEN-TIPP

Krachai oder Fingerwurz schmeckt wie Ingwer, aber stärker nach Kampfer und wird für Fischcurrys verwendet.

für Gäste/kalorienarm

Garnelen in Zitronensauce

Für 4 Personen
35 Min. Zubereitungszeit
Prc Portion ca. 235 kcal

400 g rohe geschälte Riesengarnelen
abgeriebene Schale und Saft von 1 Bio-Limette
1 TL Speisestärke
250 g Zuckerschoten
3 Frühlingszwiebeln
2 Knoblauchzehen
1 Stück frischer Ingwer (etwa walnussgroß)
1 Stängel Zitronengras
3 EL Öl
Salz | Pfeffer
1 TL Palmzucker (ersatzweise brauner Zucker)
50 ml Fischfond (aus dem Glas)

1 Garnelen waschen und trocken tupfen. Limettenschale und 1 EL Saft mit Garnelen und Stärke mischen.

2 Zuckerschoten und Frühlingszwiebeln waschen und putzen. Zwiebelweiß in feine Ringe, das Grün in 1 cm breite Stücke schneiden. Knoblauch und Ingwer schälen und klein würfeln. Das helle Ende des Zitronengrases fein hacken.

3 2 EL Öl im heißen Wok stark erhitzen. Ingwer und Knoblauch kurz anbraten. Zuckerschoten unter ständigem Rühren 4 Min. mitbraten. Das Weiße der Zwiebeln zufügen, 1 Min. pfannenrühren. Gemüse warm stellen.

4 1 EL Öl erhitzen, Garnelen darin 1–2 Min. unter Rühren braten. Zitronengras und Zwiebelgrün dazugeben. Mit restlichem Limettensaft, Salz, Pfeffer und Zucker würzen. Fond angießen, aufkochen lassen, Gemüse untermischen und abschmecken.

Spezialität aus Indien

Safran-Reis mit Garnelen (im Bild)

Für 2 Personen | 45 Min. Zubereitungszeit
Pro Portion ca. 600 kcal

175 g rohe geschälte Riesengarnelen | 1 Bio-Limette | 140 g Basmati-Reis | 1 Zwiebel | 1 Knoblauchzehe | 2 EL Butterschmalz | 35 g Kokosraspeln | 1 TL Garam masala | ½ Döschen Safranfäden | 375 ml Gemüsebrühe | 1 kleiner Zucchino | Salz | Pfeffer | 1 EL grob gehacktes Koriandergrün

1 Die Garnelen trocken tupfen. Die Limette heiß waschen, abtrocknen, 1 TL Schale abreiben, halbieren und 1 EL Saft auspressen. Beides mit den Garnelen vermischen.

2 Den Reis abbrausen und abtropfen lassen. Zwiebel und Knoblauch schälen. Die Zwiebel in Streifen schneiden, den Knoblauch fein hacken.

3 Erst den Wok, dann Butterschmalz darin erhitzen. Zwiebel in 3–4 Min. braun braten. Knoblauch und Kokosraspeln zugeben, 1 Min. mitbraten. Reis zugeben, unter Rühren glasig werden lassen. Garam masala und Safran zugeben. Brühe angießen. Zugedeckt 10 Min. quellen lassen.

4 Zucchino waschen, putzen und würfeln. Unter den Reis mischen und salzen. Garnelen mit der Marinade auf dem Reis verteilen, salzen, pfeffern und zugedeckt 10 Min. ziehen lassen. Mit Koriandergrün bestreuen.

süßsauer/für Gäste

Pfannengerührte Nudeln

Für 4 Personen | 1 Std. Zubereitungszeit
Pro Portion ca. 680 kcal

400 g mittelgroße rohe ungeschälte Garnelen | 3 EL Fischsauce | ½ TL frisch gemahlener schwarzer Pfeffer | 3 Knoblauchzehen | 5 Schalotten | 100 g geröstete gesalzene Erdnüsse | 100 g schnittfester Tofu | 500 g Mungobohnensprossen | 3 große grüne Lauchblätter | 2 Bio-Limetten | 200 g feine Reisnudeln | 6 EL Öl | 50 g getrocknete Garnelen | 2 Eier | 2 EL Reisessig (ersatzweise milder Weinessig) | 2 EL Zucker | 2 EL helle Sojasauce | Chilipulver (nach Belieben)

1 Die Garnelen von Kopf und Schale befreien, das Schwanzende soll dranbleiben. Am Rücken längs einritzen und den Darm entfernen. Die Garnelen mit 1 EL Fischsauce und Pfeffer vermischen und etwa 10 Min. marinieren. Knoblauch und Schalotten schälen und beides klein hacken. Die Erdnüsse im Mörser oder im Mixer grob zerkleinern.

2 Den Tofu in kleine Würfel schneiden. Die Sprossen waschen und beiseitestellen. Die Lauchblätter waschen und in etwa 4 cm lange, feine Streifen schneiden. Die Limetten heiß waschen, abtrocknen und vierteln.

3 Die Nudeln in reichlich kochendem Wasser etwa 2 Min. kochen, sofort in ein Sieb gießen und kalt abspülen. Das Öl im Wok erhitzen, den Knoblauch, die Schalotten, den Tofu und die getrockneten Garnelen darin bei starker Hitze 1–2 Min. anbraten. Die Garnelen hinzufügen, etwa 1 Min. durchschwenken und dann alles an den Rand schieben.

4 Die Eier in die freie Fläche des Woks schlagen, verrühren und bei mittlerer Hitze etwa 3 Min. braten, bis sie leicht gebräunt sind. Anschließend mit den anderen Zutaten in der Pfanne gut vermischen. Die Nudeln, die Hälfte der Sprossen, den Lauch, den Essig, den Zucker, je 2 EL Fisch- und Sojasauce dazugeben, alles schnell verrühren und heiß werden lassen. Auf einer Platte anrichten und mit den zerkleinerten Erdnüssen bestreuen. Die übrigen Sprossen in kochendem Wasser etwa 1 Min. blanchieren. Diese Bohnensprossen und die Limettenviertel in separaten Schälchen dazu servieren.

Spezialität aus Japan

Lachsfilet mit Pilzen

Für 2 Personen
40 Min. Zubereitungszeit
Pro Portion ca. 485 kcal

4 getrocknete Tongu-Pilze (Shiitake)
1 kleine Möhre
1 Frühlingszwiebel
150 g grüne Paprikaschote
3 EL Sake
1 EL Zucker
1 EL japanische Sojasauce
2 EL Reismehl
250 g Lachsfilet
3 EL Öl
Salz

1 Die Pilze in warmem Wasser 30 Min. einweichen. Die Möhre waschen, schälen und in feine Streifen schneiden. Die Frühlingszwiebel waschen und putzen. Nur den hellen Teil in feine Scheiben schneiden. Paprikaschote waschen, halbieren, putzen und in feine Streifen schneiden.

2 Sake, Zucker, Sojasauce und 1 TL Reismehl mit 100 ml Wasser zu einer Würzsauce verrühren. Die Pilze ausdrücken, die Stiele entfernen und die Hüte in feine Streifen schneiden.

3 Fisch in Stücke schneiden, trocken tupfen und im restlichen Reismehl wenden. Erst den Wok, dann das Öl darin erhitzen. Den Fisch rundum knusprig anbraten, leicht salzen. Auf eine Platte heben.

4 Im verbliebenen Öl Pilze und Gemüse unter Rühren kurz anbraten, die Reiswein-Mischung zugeben und aufkochen lassen, bis die Sauce gebunden ist. Nach Bedarf etwas Einweichwasser zugießen. Das Gemüse über den Lachs geben und servieren.

schnell/für Gäste

Nudeln mit Lachs

Für 4 Personen
25 Min. Zubereitungszeit
Pro Portion ca. 420 kcal

300 g Buchweizennudeln
Salz
200 g Spinat
2 Frühlingszwiebeln
250 g Lachsfilet
2 TL Erdnussöl
2 EL dunkle Sojasauce
100 ml Gemüsebrühe
Pfeffer

1 Nudeln in reichlich Salzwasser nach Packungsanweisung bissfest garen.

2 Den Spinat waschen, verlesen, in kleine Stücke zupfen und abtropfen lassen. Frühlingszwiebeln putzen und waschen. Ein Drittel Grün in dünne Ringe, den Rest in kleine Stücke schneiden. Lachsfilet in 2 cm große Würfel schneiden.

3 Erst den Wok, dann das Öl darin erhitzen. Lachs darin bei mittlerer Hitze 2 Min. anbraten. Spinat und Frühlingszwiebeln, bis auf das Grün, untermischen. Mit Sojasauce würzen und warm stellen.

4 Brühe im Wok aufkochen lassen. Nudeln darin schwenken, zum Lachs geben. Mit Salz und Pfeffer würzen, mit dem übrigen Zwiebelgrün bestreuen.

würzig-pikant

Fisch mit Chili-Mayo

Für 4 Personen | 25 Min. Zubereitungszeit
Pro Portion ca. 550 kcal

2 kleine ganze oder 1 großer ganzer Fisch (etwa 1 kg, z. B. Schellfisch) | 2 Bio-Zitronen | 150 g Salat-Mayonnaise | 100 g Joghurt | 1 TL Senf (möglichst mittelscharf) | Salz | schwarzer Pfeffer | 1 Knoblauchzehe | 4 frische rote Chilischoten | 1 Bund Petersilie | 400 ml Fischfond (aus dem Glas) | 200 ml Hühnerbrühe | 1 Zwiebel

1 Fisch auf beiden Seiten im Abstand von 2–3 cm leicht schräg einschneiden. Zitronen abwaschen, abtrocknen und die Schale dünn abschälen. 1 Zitrone auspressen. Den Fisch mit 2 EL Saft beträufeln.

2 Die Mayonnaise mit Joghurt, Senf, 1 EL Zitronensaft, Salz und Pfeffer verrühren. Knoblauch schälen und dazupressen. 1 Chilischote entkernen und fein würfeln. Petersilie waschen, trocken schütteln, die Hälfte fein hacken. Mit Chili unter die Mayonnaise mischen.

3 Fond und Brühe im Wok erhitzen. Zwiebel schälen, mit der übrigen Zitrone in Scheiben schneiden und hinzufügen. Zitronenschale, übrige Chilischoten und die Petersilie im Sud ca. 5 Min. kochen lassen. Fisch einlegen und bei schwacher Hitze zugedeckt 10–15 Min. ziehen lassen. Mit Chili-Mayo servieren.

TAUSCH-TIPP

Statt der Zitronen 2 Limetten nehmen und die Zitronenschale durch Zitronengras und Kaffirlimettenblätter ersetzen.

schnell

Fisch in Erdnusssauce

Für 4 Personen | 20 Min. Zubereitungszeit
Pro Portion ca. 370 kcal

4 große Kabeljaukoteletts (à etwa 200 g) | 2 EL Zitronensaft | Salz | schwarzer Pfeffer | 60 g Erdnusscreme | 2 EL Sojasauce | 150 g ungesüßte Kokosmilch (aus der Dose) | 100 ml Fischfond (aus dem Glas) | 2–3 Tropfen Tabasco | ½ Bund Petersilie | 3 EL Öl | ½ Salatgurke (etwa 300 g) | 300 g Tomaten

1 Fisch von beiden Seiten mit Zitronensaft einreiben und mit Salz und Pfeffer würzen. Erdnusscreme mit Sojasauce, Kokosmilch und Fond verquirlen, mit Salz und Tabasco würzen. Petersilie waschen, trocken schütteln und die Blättchen, bis auf einige zum Garnieren, fein hacken.

2 Den Wok erhitzen und das Öl hineingeben. Den Fisch trocken tupfen und bei mittlerer Hitze pro Seite 1–3 Min. braten. Warm stellen. Die Erdnusssauce im Wok einmal aufkochen lassen. Fisch hineinlegen, mit Petersilie bestreuen und zugedeckt bei schwacher Hitze ca. 2 Min. ziehen lassen.

3 Die Salatgurke und Tomaten waschen, beides in Scheiben schneiden. Fisch in der Sauce anrichten, Gurken- und Tomatenscheiben dazulegen und mit der übrigen Petersilie bestreuen.

BLITZ-TIPP

Wenn es mal ganz schnell gehen soll, lassen sich statt des frischen Fischs und der frischen Petersilie auch mal gut Fischfilet und Petersilie aus der Tiefkühltruhe verwenden.

Spezialität aus Thailand

Grünes Fischcurry

(im Bild hinten)

Für 4 Personen | 30 Min. Zubereitungszeit
Pro Portion ca. 310 kcal

4 Scheiben Heilbutt (etwa 1 kg)
2 EL Zitronensaft
2 kleine grüne Chilischoten
1 Dose Kokosmilch (400 ml Inhalt)
1–2 EL grüne Currypaste
6 Kaffirlimettenblätter
Salz
2 EL Fischsauce
1 Bund Thai-Basilikum (ersatzweise Basilikum)

1 Fisch waschen, abtrocknen und mit Zitronensaft beträufeln. Chilis putzen, entkernen und fein hacken.

2 Die Kokosmilch mit der Currypaste im Wok mischen, unter Rühren zum Kochen bringen. Limettenblätter abreiben und in feine Streifen schneiden, mit den Chilis, 1 TL Salz und Fischsauce unterrühren. Den Fisch einlegen und zugedeckt 10 Min. köcheln lassen (Filets brauchen nur 5 Min.).

3 Inzwischen das Basilikum abbrausen, trocken schütteln, Blätter abzupfen und grob hacken. In das Curry rühren und noch 1–2 Min. ziehen lassen.

UND DAZU?

Dazu passen weißer Reis, z. B. thailändischer Duftreis, und ein frischer Gurkensalat.

schnell/sehr scharf

Rotbarsch-Sambal

(im Bild vorne)

Für 4 Personen | 25 Min. Zubereitungszeit
Pro Portion ca. 255 kcal

600 g Rotbarschfilet | 2 Zwiebeln | 2 Knoblauchzehen | 2 Streifen Bio-Zitronenschale | 1 TL getrocknete Shrimp-Paste | 2 TL Sambal oelek | 3 EL Erdnussöl | 100 ml Zitronensaft | 2 TL Palmzucker (ersatzweise brauner Zucker) | 2 TL edelsüßes Paprikapulver

1 Den Fisch waschen, abtupfen und in 2 cm große Stücke schneiden. Zwiebeln und Knoblauch schälen und grob zerteilen, Zitronenschale klein schneiden. Alles mit der Shrimp-Paste, Sambal oelek und 2 EL Öl pürieren.

2 Im heißen Wok 1 EL Öl nicht zu stark erhitzen. Paste unter Rühren anbraten, bis sie leicht gebräunt ist. Zitronensaft, Zucker und Paprikapulver einrühren, 2–3 Min. unter ständigem Rühren köcheln lassen.

3 Fisch vorsichtig untermengen und zugedeckt bei ganz schwacher Hitze etwa 5 Min. ziehen lassen. Das Sambal nach Geschmack mit reichlich frischem Koriandergrün bestreuen.

VARIANTEN

Freunde extrem scharfer Genüsse können statt des Paprikapulvers mehr Sambal oelek zugeben, um dem Gericht die rote Farbe zu geben.
Für ein Meeresfrüchte-Sambal das Fischfilet durch eine Mischung aus kleinen, in Stücke geschnittenen Tintenfischen und rohen geschälten Garnelen ersetzen.

schnell/fruchtig

Barsch in Orangen-Sauce

Für 2 Personen | 30 Min. Zubereitungszeit
Pro Portion ca. 580 kcal

2 Viktoriabarschfilets (à 150 g)
2 EL Zitronensaft
Meersalz
schwarzer Pfeffer
1 Stück frischer Ingwer (etwa 1 cm)
1 Fenchelknolle
2 Orangen
1 Ei
5 EL Mandelblättchen
3 EL Öl
40 ml Sahne
1 Msp. Cayennepfeffer

1 Das Fischfilet waschen, trocken tupfen und in 5 cm breite Streifen schneiden. Zitronensaft mit etwas Salz und Pfeffer verrühren. Den Fisch damit beträufeln und 10 Min. ziehen lassen. Ingwer schälen und fein hacken. Den Fenchel waschen, halbieren und in feine Scheiben hobeln. Die Orangen mitsamt der weißen Haut schälen. Die Zwischenhäute einschneiden und die Filets herauslösen.

2 Das Ei verquirlen. Den Fisch zuerst im Ei, dann in den Mandelblättchen wenden. Öl im Wok erhitzen. Den Fisch pro Seite ca. 3 Min. darin braten, herausnehmen und warm stellen. Den Ingwer und den Fenchel unter Rühren 2 Min. im Wok braten. Orangenfilets zufügen und die Sahne zugießen, kurz aufkochen lassen. Das Gemüse mit etwas Salz und Cayennepfeffer würzen. Zu den Fischfilets servieren.

macht was her

Rotbarsch mit Morcheln

Für 4 Personen | 35 Min. Zubereitungszeit
Pro Portion ca. 315 kcal

20 g Mu-Err-Pilze
500 g Rotbarschfilet
2 EL Zitronensaft
3 EL Sojasauce
2 TL Speisestärke
2 Gärtnergurken (etwa 750 g)
1 Zwiebel
2 EL Reiswein
6 EL Hühnerbrühe
3 EL Öl
Salz | Pfeffer

1 Die Pilze überbrühen und 30 Min. einweichen, dann abgießen, abtropfen lassen und ohne Stiele grob zerkleinern.

2 Den Fisch trocken tupfen und in grobe Würfel schneiden. Zitronensaft, 1 EL Sojasauce und Stärke verrühren, Fisch darin 20 Min. marinieren.

3 Die Gurken schälen, längs halbieren und entkernen, in dünne Scheiben schneiden. Zwiebel schälen, halbieren und in Halbringe schneiden. 2 EL Sojasauce, Reiswein und Brühe verrühren.

4 Das Öl im heißen Wok erhitzen. Den Fisch portionsweise in 2–3 Min. pfannenrühren, mit Salz und Pfeffer würzen. Warm stellen. Gemüse 3 Min. pfannenrühren. Die Würzsauce und den Fisch zufügen und 1 Min. rühren.

gut vorzubereiten

Gebratener Fisch mit Zitronengras

Für 6 Personen | 20 Min. Zubereitungszeit | 30 Min. Marinieren
Pro Portion ca. 340 kcal

1 kg Fischfilet (Rotbarsch, Kabeljau oder Karpfen) | 5 Stängel Zitronengras | 5 Knoblauchzehen | 1 TL Salz | 1 TL frisch gemahlener schwarzer Pfeffer | ¼ l Öl

1 Das Fischfilet waschen, mit Küchenpapier abtrocknen und in mundgerechte Würfel schneiden. Das Zitronengras waschen und die unteren 10 cm klein hacken. Den Knoblauch schälen und hacken. Knoblauch und Zitronengras mit Salz und Pfeffer im Mörser zerstampfen. Den Fisch mit der Hälfte dieser Paste mischen und etwa 30 Min. ziehen lassen.

2 Das Öl in einer hochwandigen Pfanne oder im Wok erhitzen, den Fisch darin in etwa 5 Min. goldbraun ausbraten und herausnehmen. Die restliche Zitronengraspaste in das verbliebene Öl geben und anbraten. Über den Fisch gießen.

TAUSCH-TIPP

Anstelle des Fischfilets können Sie auch 800 g Garnelen verwenden.

schnell

Gedämpfte Doraden

Für 4 Personen | 25 Min. Zubereitungszeit
Pro Portion ca. 400 kcal

4 Meerbrassen (à 350–400 g) | Salz | Pfeffer | 4 EL Limettensaft | 2 EL Öl | 1 Stück frischer Ingwer (etwa 4 cm) | 4 Knoblauchzehen | 4 Frühlingszwiebeln | 3 frische rote Chilischoten | 4 EL Fischsauce | 4 EL Hühnerbrühe

1 Fische waschen, trocken tupfen und beidseitig im Abstand von 3 cm mehrmals diagonal einschneiden. Innen und außen mit Salz, Pfeffer und Limettensaft würzen. Auf einen geölten Dämpfeinsatz legen.

2 Ingwer und Knoblauch schälen, Zwiebeln und Chilis putzen und in feine Streifen schneiden. Würzgemüse auf den Brassen verteilen, mit Fischsauce und Brühe beträufeln. Im Wok über ½ l kochendem Salzwasser 12–15 Min. dämpfen.

würzig-pikant

Gedämpfter Fisch mit Auberginen

Für 4 Personen | 40 Min. Zubereitungszeit
Pro Portion ca. 395 kcal

4 Fischfilets (z. B. Kabeljau, à etwa 180 g) | 1 frische rote Chilischote | 1 Bio-Limette | 1 EL Sesamwürzöl | 800 g Auberginen | Salz | 1 Zwiebel | 1 Stück frischer Ingwer (etwa walnussgroß) | 2 Knoblauchzehen | 10 EL Öl | 2 EL Weißweinessig | 100 ml Gemüsebrühe | 1 TL gemahlener Kreuzkümmel | ½ TL gemahlener Koriander | 1 TL gemahlener Kardamom | 1 TL Sambal oelek | 50 g geröstete gesalzene Macadamia-Nüsse (ersatzweise Erdnüsse) | 1 Bund Petersilie

1 Die Fischfilets halbieren und in eine flache Schale legen. Chilischote waschen, entkernen und sehr fein würfeln. Limette waschen, die Schale fein abreiben, Saft auspressen. Schale und Saft mit Chilis und Sesamwürzöl verrühren und über den Fisch gießen.

2 Auberginen waschen, längs halbieren und quer in ca. 1 cm dicke Scheiben schneiden. Salzen und kurz ziehen lassen. Zwiebel, Ingwer und Knoblauch schälen und würfeln. Auberginenscheiben mit Küchenpapier abtupfen. Wok erhitzen, nach und nach immer wieder etwas Öl hineingeben und die Auberginen darin portionsweise bei starker Hitze anbraten. Jeweils herausnehmen und mit Essig beträufeln.

3 Restliches Öl in den Wok geben. Zwiebel, Ingwer und Knoblauch darin anbraten. Brühe mit den Gewürzen und Sambal oelek verrühren, mit den Auberginen in den Wok geben und heiß werden lassen, warm stellen.

4 Fischfilets aus der Marinade nehmen. Marinade mit ¼ l Wasser in den Wok geben und aufkochen lassen. Fischfilets auf das Wokgitter legen und zugedeckt ca. 5–8 Min. dämpfen.

5 Nüsse hacken. Petersilie waschen, trocken schütteln, die Blättchen abzupfen und grob hacken. Auberginengemüse mit den Fischfilets anrichten, mit Nüssen und Petersilie bestreut servieren.

preiswert/scharf

Frittierter Fisch mit Sauce

Für 4 Personen
35 Min. Zubereitungszeit
Pro Portion ca. 410 kcal

600 g beliebiges Fischfilet
3 EL Reiswein
Salz
3 Eier
100 g Mehl
1 grüne Paprikaschote
1 Stange Lauch
1 Stück frischer Ingwer (etwa 2 cm)
2 Knoblauchzehen
3/4 l Öl
2 EL scharfe Bohnenpaste
1 EL Zucker

1 Das Fischfilet kalt abspülen, trocken tupfen und in mundgerechte Stücke schneiden. Diese mit Reiswein und Salz mischen.

2 Eier mit Mehl, etwa 4 EL kaltem Wasser und Salz zu einem dickflüssigen Teig verrühren.

3 Paprika waschen, putzen und in Rauten schneiden. Den Lauch waschen, putzen und in dünne Streifen schneiden. Ingwer und Knoblauch schälen und in Stifte schneiden.

4 Das Öl in einer tiefen Pfanne oder dem Wok erhitzen. Die Fischstücke portionsweise durch den Teig ziehen und im heißen Öl in 3–4 Min. goldgelb frittieren. Mit einem Schaumlöffel herausheben und auf Küchenpapier abtropfen lassen. Die Fischstücke im Backofen bei 50° warm halten.

5 Das Öl bis auf einen dünnen Film ausgießen. Die Paprika und den Lauch im Öl 2 Min. unter Rühren braten. Ingwer und Knoblauch 1 Min. mitbraten. Bohnensauce, 50 ml Wasser und den Zucker gut vermischen und unterrühren. Die Sauce mit Salz abschmecken. Die Fischstücke untermischen und gleich servieren. Dazu schmeckt Reis.

gelingt leicht / scharf

Tintenfisch mit schwarzen Bohnen

Für 4 Personen | 40 Min. Zubereitungszeit
Pro Portion ca. 195 kcal

500 g küchenfertige Tintenfische | 4 Frühlingszwiebeln | je 1 rote und grüne Paprikaschote | 2 Knoblauchzehen | 1 Stück frischer Ingwer (etwa walnussgroß) | 2 EL Reiswein | 2 EL Sojasauce | 1 TL Speisestärke | 3 EL Öl | 2 EL scharfe schwarze Bohnensauce | Salz | Pfeffer

1 Die Tintenfische waschen, abtrocknen und in Stücke schneiden.

2 Frühlingszwiebeln waschen, putzen, das Weiße fein würfeln, das Grün längs vierteln und in 4 cm lange Stücke schneiden. Paprika waschen und putzen, in schmale Streifen schneiden. Knoblauch und Ingwer schälen und fein hacken. Reiswein mit Sojasauce und Stärke verrühren.

3 Das Öl im heißen Wok erhitzen, Zwiebelweiß, Ingwer und Knoblauch unter Rühren kurz anbraten. Paprika 3 Min. mitbraten. Gemüse an den Rand schieben. Tintenfische nach und nach in der Wokmitte 1–2 Min. pfannenrühren. Bohnen- und Reiswein-Würzsauce einrühren, 1 Min. bei mittlerer Hitze durchmischen. Salzen, pfeffern und mit dem Zwiebelgrün anrichten.

UND DAZU?
Dazu passt weißer Reis, Basmati- oder Duftreis.

schnell

Tintenfisch mit grünen Peperoni

Für 4 Personen | 20 Min. Zubereitungszeit
Pro Portion ca. 245 kcal

600 g Tintenfisch | 5 Chilischoten | 5 Knoblauchzehen | 4 grüne Peperoni | 5 EL Öl | 4 Stängel Thai-Basilikum | 3 EL Austernsauce | 2 EL Fischsauce | 1 EL Zucker

1 Den Tintenfisch waschen und in mundgerechte Stücke schneiden. Chilis und Knoblauch putzen bzw. schälen, hacken und im Mörser zerstoßen. Peperoni in Stücke schneiden.

2 Das Öl im heißen Wok oder einer Pfanne erhitzen und die Chili-Knoblauch-Paste darin kurz anbraten. Basilikum waschen, trocken schütteln und die Blättchen abzupfen. Tintenfisch, Peperoni und Basilikum zur Chili-Knoblauch-Paste geben, mit Austern- und Fischsauce und Zucker würzen und etwa 2 Min. bei starker Hitze braten.

macht was her

Gefüllte Tintenfische

Für 4 Personen
40 Min. Zubereitungszeit
Pro Portion ca. 530 kcal

20 mittelgroße küchenfertige Tintenfischtuben
1 Stück frischer Ingwer (etwa daumengroß)
5 Knoblauchzehen
2 Frühlingszwiebeln
7 getrocknete Tongu-Pilze (Shiitake)
1 Stängel frischer Koriander (mit Wurzel)
½ TL frisch gemahlener schwarzer Pfeffer
350 g gemischtes Hackfleisch
2 EL dunkle Sojasauce
1 Ei
4 EL Öl
3 EL Austernsauce
2 EL Fischsauce
1 EL Zucker

1 Die Tintenfischtuben waschen und abtropfen lassen. Den Ingwer schälen und fein hacken, ebenso 3 Knoblauchzehen. Die Frühlingszwiebeln putzen, der Länge nach halbieren, waschen und in etwa 3 cm lange Stücke schneiden.

2 Die Tongu-Pilze waschen, in einer kleinen Schüssel mit gut ⅛ l warmem Wasser bedecken und etwa 20 Min. einweichen. Anschließend die Pilze ausdrücken, die Stiele entfernen und die Hüte vierteln. Das Einweichwasser aufbewahren.

3 Den Koriander waschen, trocken schütteln, die Blätter abzupfen und beiseitestellen. Die Wurzel mit den restlichen 2 geschälten Knoblauchzehen und dem schwarzen Pfeffer im Mörser zerstampfen. Das Hackfleisch mit der Knoblauch-Koriander-Paste, der Sojasauce und dem Ei vermischen und die Tintenfischtuben damit füllen.

4 Das Öl in einer Pfanne erhitzen. Den gehackten Knoblauch und den Ingwer darin leicht anbraten. Die gefüllten Tintenfische in die Pfanne geben und von allen Seiten bei mittlerer Hitze etwa 5 Min. braun braten. Die Tongu-Pilze, die Austern- und Fischsauce, den Zucker und das Einweichwasser der Pilze (ohne Bodensatz) hinzugeben.

5 Die Tintenfische zugedeckt bei schwacher Hitze etwa 5 Min. weiterschmoren. Die Frühlingszwiebelstücke hinzufügen, kurz aufkochen lassen und auf einer Platte anrichten. Mit den Korianderblättern garnieren und servieren.

preiswert/für Gäste

Fisch in Zwiebelsauce

Für 4 Personen | 40 Min. Zubereitungszeit
Pro Portion ca. 320 kcal

800 g Fischfilet (z. B. Seelachs, Rotbarsch, Kabeljau, Lachsforelle; frisch oder tiefgekühlt) | Salz | 1 ½ TL gemahlene Kurkuma | 3 mittelgroße Zwiebeln | 3 mittelgroße Tomaten | 2 frische Chilischoten | 1 Stück frischer Ingwer (etwa 4 cm) | 2 kleine Knoblauchzehen | 4 EL Öl | 2 Lorbeerblätter | ½ TL Kreuzkümmelsamen | 3 EL Vollmilchjoghurt | 1 TL Garam masala

1 Den Fisch trocken tupfen und in 8 cm große Stücke schneiden. Mit ½ TL Salz und ½ TL Kurkuma bestreuen. Zwiebeln schälen und fein hacken. Tomaten waschen und achteln. Chilischoten klein schneiden. Ingwer und Knoblauch schälen und fein reiben.

2 Das Öl erhitzen. Lorbeerblätter, Kreuzkümmel und Zwiebeln darin unter Rühren braun anbraten. Restliche Kurkuma, Ingwer und Knoblauch dazugeben, 30 Sek. mitrösten. Tomaten, Joghurt und Chilis hinzufügen. 150 ml Wasser angießen und alles zum Kochen bringen.

3 Hitze reduzieren, salzen und die Fischstücke einlegen. Mit Sauce bedecken, zugedeckt bei schwacher Hitze 10 Min. ziehen lassen. Mit Garam masala bestreuen.

mediterran

Paprika-Thunfisch

Für 4 Personen
50 Min. Zubereitungszeit
Pro Portion ca. 480 kcal

600 g Thunfisch
1 Knoblauchzehe
4 EL Zitronensaft
Salz
Pfeffer
6 Schalotten
je 2 grüne und gelbe Paprikaschoten
2 Fleischtomaten
1 Zweig Rosmarin
6 Zweige Thymian
4 EL Olivenöl
4 EL Rotwein (ersatzweise Gemüsebrühe)

1 Thunfisch in mundgerechte Stücke schneiden. Knoblauch schälen und zerdrücken, mit Zitronensaft, Salz und Pfeffer verrühren. Fisch darin wenden und zugedeckt 30 Min. ziehen lassen.

2 Inzwischen Schalotten schälen und längs vierteln. Paprika waschen, putzen und in Streifen schneiden. Tomaten überbrühen, abschrecken, häuten, halbieren und entkernen. Das Fruchtfleisch würfeln. Rosmarin und Thymian abbrausen, trocken schütteln und die Nadeln bzw. Blättchen abzupfen und hacken.

3 In einer großen Pfanne das Öl erhitzen. Schalotten darin in 3 Min. goldbraun braten. Paprika dazugeben und 3 Min. mitdünsten. Tomaten, Wein und Kräuter in die Pfanne geben, salzen und pfeffern. Aufkochen lassen, Thunfisch samt Marinade hinzufügen und zugedeckt bei mittlerer Hitze 15 Min. schmoren, mit Salz und Pfeffer würzen.

UND DAZU?

Dazu schmecken Pellkartoffeln als Beilage.

schnell/für Kinder

Fisch-Cordon bleu (im Bild)

Für 4 Personen | 25 Min. Zubereitungszeit
Pro Portion ca. 430 kcal

4 Scheiben nicht zu dünne Fischfilets (z. B. Kabeljau, Rotbarsch, Seelachs) | Salz | Pfeffer | 1 Zitrone | 4 Scheiben gekochter Schinken | 4 Scheiben junger Gouda | 2 EL Mehl | 1 Ei | 8 EL Semmelbrösel | 4 EL Öl | 1 EL Butter

1 Fischfilets quer einschneiden, aufklappen. Mit Salz, Pfeffer und dem Saft von ½ Zitrone würzen. Die restliche Zitrone in Schnitze schneiden. Den Fisch mit je 1 Scheibe Schinken und Käse belegen, zuklappen. Schinken und Käse so falten, dass nichts herauslappt.

2 Gefüllte Filets dünn mit Mehl bestäuben. Das Ei verquirlen, Filets damit bestreichen. Fisch in Semmelbröseln wenden, Panade fest andrücken.

3 Das Öl in einer Pfanne erhitzen, die Butter darin schmelzen. Die Fischfilets von jeder Seite etwa 5 Min. braten. Mit Zitronenschnitzen anrichten.

UND DAZU? – TOMATEN-SPAGHETTI

Dafür 400 g bissfest gekochte Spaghetti in ¼ l heißem Tomatensaft wenden, mit 2 EL Sahne und 1 Prise Zucker würzen und mit Schnittlauch bestreut zum Fisch-Cordon bleu servieren.

preiswert/für Kinder

Seelachsstäbchen mit Avocadosauce

Für 4 Personen
45 Min. Zubereitungszeit
Pro Portion ca. 530 kcal

1 reife Avocado
4 EL Zitronensaft
1 große, reife Tomate
2 Frühlingszwiebeln
6 EL Olivenöl
Salz
Pfeffer
½ Bund glatte Petersilie
800 g Seelachsfilet
1 EL Mehl
1 Ei
100 g grob geriebene Weißbrotbrösel

1 Die Avocado halbieren und den Stein herauslösen. Das Fruchtfleisch schälen und klein hacken. Sofort Zitronensaft unterrühren.

2 Die Tomate überbrühen und häuten, fein hacken. Frühlingszwiebeln putzen und waschen, fein hacken. Mit der Avocado mischen. 2 EL Öl unterrühren, die Sauce mit Salz und Pfeffer abschmecken. Die Petersilie waschen, trocken schütteln, fein hacken und unter die Sauce mischen.

3 Den Fisch in fingerbreite und -lange Streifen schneiden. Salzen und pfeffern, leicht mit Mehl bestäuben. Das Ei in einem Teller verquirlen, die Streifen darin wenden, mit den Bröseln panieren.

4 In einer großen Pfanne das restliche Öl erhitzen, die Fischstreifen von jeder Seite in etwa 5 Min. knusprig braten. Zur Sauce servieren. Dazu passt Kartoffelsalat.

üppig/für Gäste

Paella mit Meeresfrüchten

Für 4 Personen | 1 Std. Zubereitungszeit | 15 Min. Backen
Pro Portion ca. 790 kcal

je 200 g Seehechtfilet und kleine Kalmare (küchenfertig) | 16 frische ungeschälte Riesengarnelen | 20 Miesmuscheln | 150 g junge TK-Erbsen | 5 EL Olivenöl | ½ l Fischfond (aus dem Glas) | 250 g Rundkornreis (z. B. Bomba) | 1 Döschen gemahlener Safran | Salz | Pfeffer | 1 Knoblauchknolle | je 1 große rote Paprikaschote und Fleischtomate

1 Fisch in Streifen, Kalmare in Stücke schneiden. Garnelen entlang der Rückenmitte aufschneiden, von den schwarzen Därmen befreien. Muscheln waschen. Erbsen in einem Sieb lauwarm abspülen.

2 In einer großen Paellapfanne 3 EL Öl erhitzen. Den Fisch je Seite bei mittlerer Hitze 1 Min. anbraten, herausnehmen und beiseitestellen. Kalmare und Garnelen anbraten, dann zum Fisch geben.

3 Den Fond mit ½ l Wasser aufkochen lassen. Den Reis im übrigen Öl glasig werden lassen. Die Hälfte des Fonds mit Safran unterrühren, alles aufkochen lassen. Mit Salz und Pfeffer würzen.

4 Die Knoblauchknolle waschen und ungeschält dazwischen setzen. Reis offen bei mittlerer Hitze 15 Min. kochen lassen, dabei gelegentlich umrühren. Immer wieder den Fond nachgießen. Den Backofen auf 180° vorheizen.

5 Die Paprikaschote halbieren, putzen, waschen und in Stücke schneiden. Mit Erbsen, Fisch, Kalmaren und Garnelen unter den Reis heben. Die Muscheln darauf verteilen. Die Tomate kurz überbrühen, häuten und ohne den Stielansatz in feine Streifen schneiden. Die Tomatenstreifen auf der Paella verteilen.

6 Die Paella mit Alufolie abdecken und im Backofen (Mitte, Umluft 160°) in 15 Min. fertiggaren. Die Folie abnehmen, die Paella kurz ausdampfen lassen. Nicht geöffnete Muscheln entfernen und wegwerfen. Nach Belieben mit Zitronenachteln zum Beträufeln servieren.

sehr fein

Garnelen mit Kokosmilch

Für 4 Personen
50 Min. Zubereitungszeit
Pro Portion ca. 220 kcal

500 g rohe ungeschälte Garnelen
4 mittelgroße Zwiebeln
4 EL Ghee (ersatzweise Butterschmalz)
2 Gewürznelken
2 grüne Kardamomkapseln
2 Zimtstangen (à etwa 5 cm)
1 TL gemahlene Kurkuma
¼ TL Chilipulver
1 TL Garam masala
1 Dose Kokosmilch (400 ml Inhalt)
Salz
1 TL Zucker

1 Garnelen aus den Schalen lösen, eventuell den Darm entfernen. Zwiebeln schälen, 2 Zwiebeln fein hacken und die anderen 2 pürieren.

2 Ghee in einer Pfanne erwärmen. Gehackte Zwiebeln darin unter Rühren braun anbraten. Pürierte Zwiebeln dazugeben, 2 Min. mitbraten. Die Gewürze hineingeben und unter ständigem Rühren kurz braten.

3 200 ml Kokosmilch, Salz und Zucker untermischen. Die Garnelen einlegen, vorsichtig wenden und bei schwacher Hitze etwa 10 Min. garen.

4 Mit der restlichen Kokosmilch aufgießen, kurz aufkochen lassen. Warm mit Reis servieren.

DEKO-TIPP

Bestreuen Sie das fertige Gericht mit gerösteten Kokosraspeln.

Spezialität aus Tunesien

Pilaw mit Garnelen und Sesam

Für 4 Personen | 35 Min. Zubereitungszeit
Pro Portion ca. 425 kcal

400 g Kürbis (z. B. Hokkaido) | 4 Schalotten | 4 EL Olivenöl | 250 g Langkornreis | 550 ml Gemüsebrühe | 4 EL Korinthen | 1 aufgeschnittene Kardamomkapsel | 150 g gegarte geschälte Garnelen | ½ Bund glatte Petersilie | Salz | Pfeffer | 2 EL Sesamsamen

1 Kürbis waschen und putzen, das Kürbisfleisch etwa 3 cm groß würfeln. Schalotten schälen, grob würfeln. 2 EL Öl erhitzen. Den Kürbis darin 1 Min. andünsten, herausnehmen und beiseitestellen.

2 1 EL Öl dazugeben. Reis mit Schalotten unter Rühren darin glasig werden lassen. Brühe, Korinthen und Kardamom zufügen und aufkochen. Zugedeckt bei schwacher Hitze 5 Min. köcheln lassen.

3 Kürbisstücke unterheben, 15 Min. kochen lassen. Garnelen abspülen und trocken tupfen. Übriges Öl erhitzen. Garnelen darin kurz anbraten.

4 Petersilie waschen, trocken schütteln und hacken. Reis mit Salz und Pfeffer würzen. Petersilie und Garnelen untermischen. Sesam in einer Pfanne ohne Fett hellbraun rösten und über den Pilaw streuen.

ماء الورد

Desserts

Die Lieblingsdesserts von Groß und Klein kommen zumeist aus der Pfanne. Und seit Neuestem auch aus dem Wok. Williams-Christ-Schmarrn, Honigäpfel oder süßer Kürbis lassen einem sofort das Wasser im Mund zusammenlaufen.

knusprig-süß

Honigäpfel

Für 4 Personen | 30 Min. Zubereitungszeit
Pro Portion ca. 290 kcal

3 säuerliche Äpfel | 60 g Mehl | 3 EL Speisestärke | 1 Eiweiß | 125 g Honig | 1 EL Zitronensaft | 1 EL gerösteter Sesam | 1 l Öl zum Frittieren

1 Die Äpfel vierteln, schälen, entkernen und in 1 cm dicke Spalten schneiden. Im Mehl wenden. Das übrige Mehl mit Speisestärke, Eiweiß und 5 EL Wasser luftig aufschlagen.

2 Öl im Wok erhitzen. Äpfel durch den Teig ziehen und portionsweise im heißen Öl in 4–5 Min. goldgelb frittieren. Auf Küchenpapier kurz abtropfen lassen.

3 Honig, Zitronensaft und 4 EL Wasser aufkochen lassen, über die Äpfel gießen. Mit geröstetem Sesam bestreuen.

gelingt leicht/für Gäste

Mohntaschen

Für 4 Personen
30 Min. Zubereitungszeit
30 Min. Ruhen
Pro Portion ca. 265 kcal

20 g Mohnsamen
100 ml fettarme Milch
5 EL Honig
3 Aprikosen
1 TL Öl
1 ½ TL Trockenhefe
½ Päckchen Backpulver
Salz
120 g Weizenmehl (Type 550)
3 TL Butter
1 Mango
Saft von 1 Limette
Backpapier

1 Mohn und Milch aufkochen lassen, mit 1 EL Honig süßen, 10 Min. zugedeckt kochen. Vom Herd nehmen und 20 Min. quellen lassen. Aprikosen entsteinen und klein würfeln.

2 Den Dämpfeinsatz mit Backpapier auslegen, dieses einige Male einstechen und mit Öl bepinseln. Für den Teig Hefe, Backpulver und 1 Prise Salz mit Mehl, 2 EL Honig, 60 ml lauwarmem Wasser und Butter mit den Knethaken des Handrührgerätes vermengen. Den Teig in 12 Bällchen teilen.

3 Aprikosen und Mohnmasse mischen. Etwas Füllung in die Teigbällchen hineingeben und die Bällchen verschließen. Im Dämpfeinsatz verteilen und an einem warmen Ort zugedeckt 30 Min. gehen lassen.

4 Wok bis zur Höhe des Dämpfeinsatzes mit Wasser füllen. Aufkochen lassen. Die Taschen darin zugedeckt 15 Min. dämpfen.

5 Die Mango schälen. Das Fruchtfleisch vom Stein lösen und mit dem restlichen Honig, Limettensaft und 3 EL Wasser pürieren. Die Mohntaschen mit der Mangosauce servieren.

gelingt leicht/raffiniert

Ananaskompott mit Buchweizen

(im Bild hinten)

Für 4 Personen | 40 Min. Zubereitungszeit
Pro Portion ca. 250 kcal

120 g Buchweizengrütze | 150 ml fettarme Milch | Salz | Zimtpulver | 1 Prise gemahlener Kardamom | 1 TL Schale von 1 Bio-Orange | ½ Ananas | 100 g Akazienhonig | 1 Prise gemahlene Bourbon-Vanille | 100 ml Maracujasaft | 100 ml frisch gepresster Orangensaft | Saft von ½ Zitrone | 1 TL Schale von 1 Bio-Zitrone | 2 TL Speisestärke

1 Zuerst den Wok erhitzen, dann darin die Buchweizengrütze ohne Fett unter Rühren in 4 Min. rösten, bis sie zu duften beginnt.

2 In einem Topf die Milch mit Salz, 1 Prise Zimt, Kardamom und Orangenschale aufkochen lassen. Den Buchweizen unterrühren und zugedeckt bei schwacher Hitze in 20 Min. garen.

3 Ananas schälen, vierteln und ohne Strunk in 1½ cm große Würfel schneiden.

4 Den Wok säubern, erneut erhitzen und den Honig darin unter Rühren goldbraun karamellisieren lassen. Vanille und Ananaswürfel hineingeben. Unter Rühren 3 Min. darin braten. Mit dem Maracuja-, Orangen- und Zitronensaft aufgießen, die Zitronenschale untermischen und die Ananas in 3 Min. garen.

5 Speisestärke in Wasser anrühren und das Kompott unter Rühren damit binden. Buchweizen anrichten und mit dem Kompott servieren.

für Gäste/fruchtig

Exotische Kokossuppe

(im Bild vorne)

Für 4 Personen | 35 Min. Zubereitungszeit
Pro Portion ca. 195 kcal

80 g Glasnudeln
2 EL Kokosraspeln
1 Granatapfel
2 Bio-Orangen
200 ml ungesüßte Kokosmilch (aus der Dose)
300 ml fettarme Milch
gemahlener Kardamom
1 g Safran
2 EL Honig
2 TL Speisestärke

1 Nudeln mit kochendem Wasser übergießen und etwa 5 Min. nach Packungsangabe quellen lassen. Kokosraspeln trocken im Wok goldbraun rösten.

2 Granatapfel halbieren und die Kerne auslösen. Orangen abwaschen, trocken reiben und 1 TL Schale abreiben. Orangen mit der weißen Haut schälen. Fruchtfleisch als Filets zwischen den Trennwänden herausschneiden, den Saft auffangen.

3 Den Wok erhitzen. Kokosmilch, Milch, 1 Prise Kardamom, Safran, Orangenschale, -saft und Honig darin aufkochen, zugedeckt bei schwacher Hitze 8 Min. köcheln lassen. Die Speisestärke mit etwas Wasser anrühren. Suppe damit leicht binden.

4 Die Nudeln abtropfen lassen, klein schneiden und in die Suppe rühren. Mit Orangenfilets und Granatapfelkernen servieren.

schnell

Gebratener Grieß mit Dörrobst

Für 4 Personen | 25 Min. Zubereitungszeit
Pro Portion ca. 850 kcal

375 g gemischtes Backobst | ¼ l halbtrockener Weißwein (ersatzweise Traubensaft) | 2 EL Zitronensaft | 4 EL brauner Zucker | 1 Zimtstange | 300 ml Milch | Salz | 400 g Hartweizengrieß | 100 g Butter

1 Das Backobst mit dem Wein, ⅛ l Wasser, Zitronensaft, 2 EL Zucker und Zimt 10 Min. köcheln, vom Herd nehmen und abkühlen lassen.

2 Milch und 300 ml Wasser mit 1 Prise Salz und dem übrigen Zucker aufkochen, den Grieß einrieseln und 1–2 Min. quellen lassen.

3 Die Butter erhitzen, Grieß darin in 5–7 Min. goldbraun rösten. Zusammen mit dem Dörrobst servieren.

gut vorzubereiten

Polenta-Sticks

Für 4 Personen | 30 Min. Zubereitungszeit
Pro Portion ca. 355 kcal

½ l fettarme Milch
120 g Honig
gemahlene Bourbon-Vanille
150 g Polenta
300 g Himbeeren
Saft von 1 Limette
20 g Mehl
2 EL Öl

1 Die Milch im Wok mit 80 g Honig und 1 Prise Vanille aufkochen lassen. Polenta nach und nach unter Rühren einrieseln lassen und bei schwacher Hitze 2 Min. unter Rühren kochen lassen.

2 Eine breite, flache Form 1 cm hoch mit der Polenta füllen, die Masse glatt streichen und erkalten lassen. Den Wok säubern.

3 Die Himbeeren mit dem restlichen Honig, Limettensaft und 6 EL Wasser pürieren. Durch ein Sieb streichen und beiseitestellen.

4 Die Polenta in fingerlange Sticks schneiden und in Mehl wenden. Zuerst den Wok, dann das Öl darin erhitzen. Die Sticks darin in 3 Portionen in 2–3 Min. goldbraun braten, warm stellen. Mit dem Himbeermus anrichten und servieren.

schnell

Arme Ritter mit Beeren

Für 4 Personen | 25 Min. Zubereitungszeit
Pro Portion ca. 870 kcal

250 g Weißbrot oder 4 Brötchen vom Vortag
4 Eier
¼ l Milch
250 g Sahne
2 EL Bourbon-Vanillezucker
5 EL Johannisbeergelee
600 g gemischte TK-Beeren
3 EL Butterschmalz
100 g Semmelbrösel
100 g gemahlene Haselnüsse

1 Weißbrot in 8 Scheiben schneiden, Brötchen halbieren. Eier mit Milch, Sahne und 1 EL Vanillezucker verquirlen. Brot oder Brötchen in eine flache Form legen, mit der Eiermilch unter Wenden tränken, bis sie durchzogen sind.

2 Das Johannisbeergelee erhitzen, Beeren dazugeben und einmal aufkochen, dann erkalten lassen.

3 Das Butterschmalz in einer großen Pfanne erhitzen. Die Brotscheiben zuerst in Semmelbröseln, dann in den Nüssen wenden und bei mittlerer Hitze von jeder Seite 3 Min. goldbraun braten. Auf Küchenpapier kurz abtropfen lassen.

4 Arme Ritter mit den Beeren anrichten. Mit dem restlichen Vanillezucker bestreuen. Dazu passt Vanillesauce oder Vanilleeis.

für Gäste

Williams-Christ-Schmarrn

Für 4 Personen
1 Std. Zubereitungszeit
Pro Portion ca. 590 kcal

2 EL Butter
1 Bio-Zitrone
4 Eier (Größe M)
200 g Mehl
400 ml Milch
3 Päckchen Bourbon-Vanillezucker
2 große Birnen
4 EL Williams-Christ-Brand
Salz
Fett zum Ausbacken
Puderzucker zum Bestäuben

1 Die Butter schmelzen. Die Zitrone waschen und etwas Schale abreiben, den Saft auspressen. Eier trennen. Mehl und Milch verrühren, Eigelbe, die Butter, 1 Päckchen Vanillezucker und Zitronenschale unterschlagen. Den Teig 30 Min. quellen lassen.

2 Die Birnen schälen, entkernen und in dünne Spalten schneiden. Mit Zitronensaft, Birnenbrand und restlichem Vanillezucker mischen, abdecken und marinieren, bis der Teig gebacken wird.

3 Die Eiweiße mit 1 Prise Salz steif schlagen und unter den Teig heben. Fett in zwei große Pfannen geben. Je die Hälfte der Birnen (Marinade beiseitestellen) darin verteilen und die Hälfte des Teiges gleichmäßig darübergeben. Die untere Seite bei mittlerer Hitze in 6–7 Min. bräunen.

4 Die Schaumpfannkuchen grob zerteilen und wenden, die andere Seite in 6–7 Min. bräunen. Dann auf Teller verteilen, mit Puderzucker bestäuben und mit Birnenmarinade beträufeln.

Spezialität aus Frankreich

Kirsch-Clafoutis

Für 4 Personen
50 Min. Zubereitungszeit
Pro Portion ca. 650 kcal

4 Eier
120 g Zucker
1 EL Vanillezucker
200 g Mehl
3/8 l Milch
Salz
1 TL abgeriebene Schale von 1 Bio-Zitrone
1 Glas Schattenmorellen (350 g Abtropfgewicht)
3 EL Butterschmalz
1 EL Puderzucker
Fett für den Teller

1 Die Eier trennen. Die Eigelbe mit Zucker und Vanillezucker schaumig schlagen. Mehl und Milch, dann 1 Prise Salz und Zitronenschale unterrühren und den Teig 20 Min. quellen lassen.

2 Kirschen in einem Sieb abtropfen lassen. Eiweiße steif schlagen und unter den Teig heben.

3 2 EL Butterschmalz in einer Pfanne zerlassen. Teig hineingießen und 5 Min. backen, bis die Unterseite leicht gebräunt ist. Die Kirschen auf die noch nicht ganz feste Oberfläche streuen. Pfannendeckel auflegen und den Clafoutis in 10 Min. bei schwacher Hitze goldbraun backen.

4 Einen leicht gefetteten Teller auf die Pfanne legen, umdrehen und den Pfannkuchen auf den Teller stürzen. Das restliche Schmalz erhitzen, den Clafoutis mit der gebräunten Seite nach oben in die Pfanne gleiten lassen. Weitere 3–4 Min. bräunen. Mit Puderzucker bestäubt servieren. Dazu passt halbfest geschlagene Sahne oder Vanillesauce.

schnell

Pancakes mit Ricotta und Ahornsirup

Für 4 Personen | 25 Min. Zubereitungszeit
Pro Portion ca. 650 kcal

2 EL Butter | 250 g Mehl | 1 Päckchen Backpulver | Salz | ½ l Milch | 4 Eier (Größe M) | 200 g Himbeeren | 400 g cremiger Ricotta | 100 g Sahne | Ahornsirup zum Beträufeln | Fett zum Backen

1 Die Butter schmelzen. Mehl, Backpulver, 1 Prise Salz und Milch verrühren. Eier und Butter unterschlagen und den Teig 10 Min. quellen lassen.

2 Die Himbeeren verlesen und den Ricotta mit der Sahne cremig rühren. Backofen auf 80° einstellen. Etwas Fett in einer Pfanne erhitzen und aus dem Teig nach und nach Pancakes backen. Im Ofen warm halten. Dann mit Ricotta bestreichen, mit Himbeeren belegen und mit Ahornsirup beträufeln.

schnell/macht was her

Süßes Kokos-Curry

Für 4 Personen | 20 Min. Zubereitungszeit
Pro Portion ca. 370 kcal

1 kleine Dose Ananasstücke (560 g Inhalt)
2 große Bananen
2 säuerliche Äpfel
40 g Butter
3 EL brauner Zucker
40 g Sultaninen
1 Dose Kokosmilch (400 ml Inhalt)
1 Msp. gemahlene Kurkuma
2–3 EL Limettensaft

1 Die Ananas abtropfen lassen und den Saft dabei auffangen. Das Obst schälen und in Stücke schneiden. Bananen und Äpfel in der Butter 4 Min. braten, dann die Ananas 1 Min. mitbraten. Herausnehmen und warm stellen.

2 Den Bratsatz mit 100 ml Ananassaft ablöschen. Zucker, Sultaninen und Kokosmilch zugeben, cremig einkochen lassen. Mit Kurkuma und Limettensaft abschmecken und mit dem Obst anrichten.

VARIANTEN
Statt Bananen und Äpfeln schmecken auch Birnen und Orangenfilets gut im süßen Curry. Oder geben Sie doch auch mal 2 EL Kokosraspeln oder gehackte Nüsse dazu.

gut vorzubereiten

Süßes Kürbisdessert

Für 4 Personen | 35 Min. Zubereitungszeit | 8 Std. Ruhen
Pro Portion ca. 240 kcal

1 kg orangefleischiger Kürbis (z. B. Muskatkürbis oder Hokkaido)
1 Vanilleschote
100 g Zucker
3 EL Zitronensaft
50 g Pinienkerne

1 Kürbis schälen, entkernen und in nicht zu kleine Stücke schneiden. Vanilleschote längs halbieren. Mit Kürbis, Zucker und 3 EL Wasser in einem breiten Topf mischen. Zugedeckt mindestens 8 Std., am besten über Nacht, Saft ziehen lassen.

2 Den Kürbis im eigenen Saft bei schwacher Hitze aufkochen lassen und 10–12 Min. garen. Er soll weich sein, aber nicht zerfallen. Aus dem Sud heben und beiseitestellen. Den Sud etwas einkochen lassen und mit dem Zitronensaft abschmecken. Über den Kürbis gießen und abkühlen lassen.

3 Kürbisstücke samt Sud in Schälchen anrichten. Die Pinienkerne in einer Pfanne ohne Fett goldbraun rösten, darüberstreuen. Dazu passt Schlagsahne.

macht was her / exotisch

Melone mit Glasnudeln

Für 4 Personen | 20 Min. Zubereitungszeit
Pro Portion ca. 110 kcal

1 Charentais-Melone (ca. 500 g)
1 Stück frischer Ingwer (etwa walnussgroß)
30 g Honig
75 g Glasnudeln
1 Prise gemahlene Bourbon-Vanille (ersatzweise 1 TL Bourbon-Vanillezucker)
Saft von 2 Limetten
8 Minzeblättchen

1 Die Melone halbieren, entkernen, schälen, in 1 cm kleine Würfel schneiden und ins Gefriergerät stellen.

2 Inzwischen den Ingwer schälen und reiben. 350 ml Wasser im Wok erhitzen. Mit Ingwer und 2 EL Honig aufkochen lassen. Die Nudeln darin zugedeckt bei schwacher Hitze 3 Min. köcheln lassen. Vom Herd nehmen. Vanille untermischen. Die Nudeln die Flüssigkeit aufnehmen lassen, dann in eine flache Schüssel füllen und lockern, damit sie nicht aneinander kleben. Im Kühlschrank kalt stellen.

3 Die Melone mit dem restlichen Honig und Limettensaft im Mixer pürieren. Das Melonenpüree in vier tiefe Teller verteilen.

4 Die Nudeln vorsichtig lockern und in die Mitte auf das Melonenpüree geben. Die Minzeblättchen waschen, mit Küchenpapier trocken tupfen. Die Nudeln mit Minzeblättchen garnieren.

exotisch / cremig

Milchreis mit Mangos

Für 4 Personen | 50 Min. Zubereitungszeit
Pro Portion ca. 190 kcal

100 g Rundkornreis
2 reife Mangos
300 ml ungesüßte Kokosmilch (aus der Dose)
3 EL Honig
½ TL Salz

1 Den Backofen auf 70° vorheizen. Den Reis mit 200 ml Wasser im Wok zum Kochen bringen und zugedeckt bei schwacher Hitze 20 Min. quellen lassen. Ab und zu umrühren. Im Backofen zugedeckt 20 Min. ziehen lassen.

2 Die Mangos halbieren, vom Stein lösen und ein Gitter einritzen. Die Schale nach innen stülpen, damit das Fruchtfleisch nach außen gedrückt wird. Kokosmilch mit Honig und Salz aufkochen lassen und mit dem Reis mischen. Reis und Mangos warm oder kalt servieren.

TAUSCH-TIPP

Geschmacklich passen viele Früchte zu Milchreis – variieren Sie doch mal mit Ananas, Beeren, auch z. B. in Form von Roter Grütze, oder Orangen. Besonders gut passen karamellisierte Orangen: Aus 100 g braunem Zucker und ½ l Wasser in 20 Min. einen dickflüssigen Sirup kochen. 3–4 Orangen dick schälen, in nicht zu dünne Scheiben schneiden, nach Geschmack mit Orangenlikör zum Sirup geben und ziehen lassen.

Zum Gebrauch
Damit Sie Rezepte mit bestimmten Zutaten noch schneller finden können, stehen in diesem Register zusätzlich auch beliebte Zutaten wie **Garnelen** oder **Kokosmilch** – ebenfalls alphabetisch geordnet und **hervorgehoben** – über den entsprechenden Rezepten.

Freundschaftsaktion

Die besten Rezepte von GU

Preis je Band: 9,95 €

ISBN 978-3-8338-1261-3
160 Seiten

ISBN 978-3-8338-1264-4
160 Seiten

ISBN 978-3-8338-1262-0
160 Seiten

Änderungen und Irrtum vorbehalten

Unsere Lieblingsrezepte aus den Küchenratgebern ganz neu für Sie zusammengestellt – absolut gelingsicher und ganz einfach lecker

GU

Willkommen im Leben.

küchengötter.de powered by GU

Einfach göttlich kochen und himmlisch speisen?

Die passenden Rezepte, Küchentipps und -tricks in Wort und Film finden Sie ganz einfach unter:

www.küchengötter.de

Die Autoren

Thiadavadee Camsong
Erika Casparek-Türkkan
Elisabeth Döpp
Volker Eggers
Gina Greifenstein
Reinhardt Hess
Christina Kempe
Martina Kittler
Bikash Kumar
Marcela Kumar
Peter Lüffe
Bettina Matthaei
Jörn Rebbe
Dörte Rein
Sabine Sälzer
Cornelia Schinharl
Ursula Summ
Marlisa Szwillus
Christian Willrich

Bildnachweis:

Michael Boyny: Umschlagfoto
Michael Brauner: S. 16; S. 68; S. 103; S. 151; S. 153.
Eising Foodphotography, Martina Görlach: S. 26; S. 56; S. 92; S. 142.
Kai Mewes: S. 4; S. 5;S. 6; S. 7; S. 13 oben Mitte und rechts, unten Mitte und links; S. 19;S. 41;S. 46; S. 52; S. 59; S. 61; S. 62; S. 67; S. 75; S. 80; S. 82; S. 87;S. 97; S. 99; S. 105; S. 109; S. 119; S. 123; S. 126; S. 134; S. 144; S. 147; S. 148.
Jörn Rynio: S. 2; S. 12 oben; S. 14; S. 23; S. 29; S. 32; S. 37; S. 39; S. 42; S. 49; S. 50; S. 84; S. 89; S. 91; S. 100; S. 117; S. 129;S. 131; S. 132; S. 137.
Brigitte Sauer: S. 9; S. 12 unten; 13 oben links, unten rechts; 65; 71; 72; 76; 106; 112; 114.
Reiner Schmitz: S. 139.

Titelbildrezept:

Rindfleisch mit Paprika von Seite 87

Programmleitung: Doris Birk
Leitende Redakteurin: Birgit Rademacker
Konzept, Texte und Redaktion: Birgit Rademacker, Cora Wetzstein
Lektorat: Dagmar Reichel
Korrektorat: Adelheid Schmidt-Thomé
Layout, Typographie und Umschlaggestaltung: independent Medien-Design, München
Herstellung: Markus Plötz
Satz: Uhl + Massopust GmbH, Aalen
Reproduktion: Repro Ludwig, Zell am See
Druck und Bindung: Firmengruppe APPL, Wemding

ISBN 978-3-8338-1263-7

1. Auflage 2008

GRÄFE UND UNZER

Ein Unternehmen der
GANSKE VERLAGSGRUPPE

DAS ORIGINAL MIT GARANTIE GU

Unsere Garantie

Alle Informationen in diesem Ratgeber sind sorgfältig und gewissenhaft geprüft. Sollte dennoch einmal ein Fehler enthalten sein, schicken Sie uns das Buch mit dem entsprechenden Hinweis an unseren Leserservice zurück. Wir tauschen Ihnen den GU-Ratgeber gegen einen anderen zum gleichen oder ähnlichen Thema um.

Liebe Leserin und lieber Leser,

wir freuen uns, dass Sie sich für ein GU-Buch entschieden haben. Mit Ihrem Kauf setzen Sie auf die Qualität, Kompetenz und Aktualität unserer Ratgeber. Dafür sagen wir Danke! Wir wollen als führender Ratgeberverlag noch besser werden. Daher ist uns Ihre Meinung wichtig. Bitte senden Sie uns Ihre Anregungen, Ihre Kritik oder Ihr Lob zu unseren Büchern. Haben Sie Fragen oder benötigen Sie weiteren Rat zum Thema? Wir freuen uns auf Ihre Nachricht!

Wir sind für Sie da!
Montag – Donnerstag: 8.00 – 18.00 Uhr;
Freitag: 8.00 – 16.00 Uhr
Tel.: 0180 - 5 00 50 54*
Fax: 0180 - 5 01 20 54*
E-Mail: leserservice@graefe-und-unzer.de

*(0,14 €/Min. aus dem dt. Festnetz/ Mobilfunkpreise können abweichen.)

P.S.: Wollen Sie noch mehr Aktuelles von GU wissen, dann abonnieren Sie doch unseren kostenlosen GU-Online-Newsletter und/oder unsere kostenlosen Kundenmagazine.

GRÄFE UND UNZER VERLAG
Leserservice
Postfach 86 03 13
81630 München